历史的真性情

(隋、唐、宋卷)

忆江南 著

北方联合出版传媒(集团)股份有限公司
万卷出版公司

ⓒ 忆江南 2022

图书在版编目（CIP）数据

历史的真性情. 隋、唐、宋卷 / 忆江南著. — 沈阳：万卷出版公司，2022.1
ISBN 978-7-5470-5709-4

Ⅰ.①历… Ⅱ.①忆… Ⅲ.①中国历史 – 隋唐时代 – 通俗读物②中国历史 – 宋代 – 通俗读物 Ⅳ.①K209

中国版本图书馆CIP数据核字（2021）第167644号

出 品 人：	王维良
出版发行：	北方联合出版传媒（集团）股份有限公司
	万卷出版公司
	（地址：沈阳市和平区十一纬路25号 邮编：110003）
印 刷 者：	辽宁新华印务有限公司
经 销 者：	全国新华书店
幅面尺寸：	145mm×210mm
字　　数：	220千字
印　　张：	9
出版时间：	2022年1月第1版
印刷时间：	2022年1月第1次印刷
责任编辑：	张洋洋
责任校对：	高　辉
装帧设计：	鼎籍文化创意　刘萍萍
ISBN 978-7-5470-5709-4	
定　　价：	39.80元
联系电话：	024-23284090
传　　真：	024-23284448

常年法律顾问：王 伟　版权所有　侵权必究　举报电话：024-23284090
如有印装质量问题，请与印刷厂联系。联系电话：024-31255233

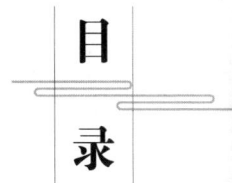

目录

代序　开国皇帝爱读书 / 001

隋末唐初 / 001

隋朝灭亡的第一原因 / 002

王薄：反隋第一人的跌宕人生 / 006

追寻唐僧早年的足迹 / 011

李渊也是了不起的人 / 014

到底谁是超级"妻管严" / 018

唐太宗的糊涂事 / 021

为什么斩龙的是魏徵 / 024

没有经住色诱考验的唐僧弟子 / 029

孙思邈心系苍生的职场药方 / 033

"初唐四杰"的另一个闪光点 / 039

谁杀死了上官仪 / 043

陈子昂经历的那场惨烈战争 / 047

武则天的名字是个谜 / 052

盛唐兴衰 / 055

贺知章：最幸运的大唐诗人 / 056

为撤职干杯 / 060

诗仙李白背后的四个女人 / 066

王维兄弟：千首诗轻万户侯 / 071

唐玄宗的"洋贵妃" / 077

大书法家李邕之死 / 080

心腹其实是心腹之患 / 085

国运不昌，真公主遭殃 / 089

杜甫没有那么惨 / 093

韦应物：浪子回头的大诗人 / 098

孙悟空的原型原来是他 / 101

孤胆英雄韩愈 / 104

大诗人李益为什么"被变心" / 108

透过唐诗看就业 / 112

不朽的邂逅 / 116

大唐第一刺杀血案 / 120

笑看人生刘禹锡 / 124

柳宗元那些不为人知的关系 / 127

晚唐五代 / 129

唐代诗人中的帅哥丑男 / 130

唐朝陈世美：公主根本不是我的菜 / 134

杜牧：我也是党争的受害者 / 139

黄崇嘏：她是女状元还是女驸马？ / 142

冯道：出来混，靠的是文化 / 145

北宋王朝 / 149

赵匡胤没有那么冷酷 / 150

大宋朝的那些事儿 / 153

谁是中国历史上的哈姆雷特 / 157

四起四落的寇准 / 161

包公是怎样炼成的 / 166

大宋第一名门的风光往事 / 169

范仲淹：何处是故乡 / 174

《岳阳楼记》是这样写成的 / 179

欧阳修其实很幽默 / 182

司马光砸缸的几个小细节 / 185

"神宗"不是个好谥号 / 189

苏东坡在苏州 / 192

黄庭坚：开玩笑也要找对人 / 196

苏小妹是这样诞生的吗？ / 200

大宋名人一家亲 / 204

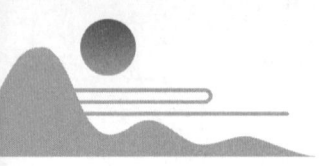

历史上的情痴段誉 / 207

梁山好汉的历史真相 / 211

一个曲线球踢垮了一个王朝 / 216

梁山好汉官几品 / 221

《水浒》第二忠臣的悲壮人生 / 226

南宋王朝 / 231

孟皇后:大宋中兴背后的那个奇女子 / 232

关胜:最真实的梁山好汉 / 237

浪子燕青的原型竟然是他? / 241

历史上的扈三娘和她的哥哥 / 246

李清照的第二次婚姻 / 251

为什么被害的是岳飞 / 256

韩世忠:这一点,我和岳飞也一样 / 259

王德:南宋第一抗金猛将 / 262

牛皋真的是笑死的吗 / 265

宋高宗:其实我也恨秦桧 / 269

辛弃疾:清官还是贪官 / 272

秦桧后人竟是抗金英雄 / 274

代序　开国皇帝爱读书

虽然古语说"秀才造反，三年不成"，但是，翻一翻历史，你会发现几乎每个大朝代的开国皇帝都是喜爱读书的人。

千古一帝秦始皇当年曾经冲冠一怒焚书坑儒，结果遗臭万年难以翻身，其实他大可不必那么冲动，因为他自己也是个爱读书的人。

秦国是依靠商鞅变法走上强盛之路的，所以，秦国的君主一直非常重视法家的著作，秦始皇也不例外。一天，还是秦王的始皇帝读到了韩非子的《孤愤》《五蠹》两篇文章，觉得每句话都说到了他心坎里，不由得发出了这样的浩叹："嗟乎！寡人得见此人与之游，死不恨矣。"为了能够与韩非子同游，秦王政急切下令攻打韩国，让韩王把韩非子护送到秦都咸阳来，并且最终如愿以偿。

虽然钱锺书先生说没有必要因为一个鸡蛋好吃就非要见一见那只下蛋的母鸡，但如果有人像秦始皇这样，因为喜欢一部书或一篇文章而千方百计要与作者同游，你能说他不是一个爱读书的人吗？

汉光武帝刘秀年轻时生得温文尔雅，如邻家好女，性格温柔敦厚，是个典型的读书人形象，而他也确实喜欢读书。虽不能说是才高八斗,但学富五车还是当之无愧的。也正因为好学上进,博学多才,刘秀才获得了到京城长安就读太学(当时的最高学府)的机会,从而成为中国历史上学历最高的皇帝。

后来,刘秀革命成功,登基称帝,建立了新的大汉王朝,也就是后人所说的东汉。刘秀在日理万机之余,仍然热心文化事业,经常召集公卿郎官等文臣谈论经史义理方面的事情,有时直到深夜才上床安歇。太子劝他要注意身体,多多休息,他笑着回答说:"我自乐此,不为疲也。"于是,"乐此不疲"这个成语就诞生了。

如果把历朝历代的皇帝按照武力指数来一个大排名,宋太祖赵匡胤肯定名列前三甲之内。但是,这位武将出身、武功盖世的皇帝并非四肢发达、头脑简单之人,他一有机会就乐此不疲地读书,而且堪称历史上最重视读书的皇帝。

在称帝之前,一次,赵匡胤奉命攻打南唐州郡取得胜利,有人向周世宗汇报说发现赵匡胤从南唐运回了大箱宝物,大大带在身边。周世宗虽然相信赵匡胤的为人,却也不得不派有关人员做例行检查。大箱子打开之时,检查人员傻了眼,原来里面什么金珠宝贝都没有,只有满满当当一箱子书。

做了皇帝之后,赵匡胤对书籍痴情不改,依然保持着日夜读书的良好习惯,而且两宋的皇帝们都继承了这个优秀传统。

在读书上,赵匡胤不仅自己以身作则,还鼓励文武大臣读书求知,提高修养。唐末五代是武人天下,读书人在社会上地位很低。赵匡胤通过提倡读书扭转了轻文重武的风气,保证了有宋一代三百年的安定和谐。

明太祖朱元璋虽然出身贫苦，小时候还是上过一段时间私塾的，父母不幸双亡后，他就成了流浪儿童，再也没有条件读书求学了，但他心底的读书梦一直没有泯灭。

成为起义军领袖后，朱元璋又有机会读书了，身边会聚的经常引经据典、谈古论今的儒士们更激发了他发奋学习的渴望。朱元璋每到一处，就"令有司访求古书籍，藏之秘府"，然后，他就每天在公务之余夙兴夜寐地抓紧时间阅读，努力提高自己的文化水平。

明帝国建立后，朱元璋特意在南京城奉天门东设文渊阁，"尽贮古今载籍，置大学士（数）员"，他这样做并非像现在的某些富豪一样是为了附庸风雅，装点门面，而是经常"命鸿儒进经史，自批阅，终日忘倦"。此时的朱元璋，不但能作文赋诗，还注解起了《道德经》，而且写得颇有水平，大大丰富了老子原作的内涵。

通过读书，朱元璋总结了历史的经验，吸取了前人的教训，制定了一套行之有效的行政制度，保证了政府机器的正常运转，从某种程度上延长了他创立的王朝的寿命，否则，明王朝可能早就在求仙怠政的嘉靖手里垮掉了，万历也就没机会成为三十年不上朝的怪胎皇帝了。

依笔者猜想，看到本文题目，肯定会有读者朋友举出刘邦作为反例。刘邦固然不好读书，但他并非不读书之人，而且他的文化水平也是不低的，否则怎么能吟唱出那首流传了几千年而且还将继续流传下去的《大风歌》呢？

隋末唐初

隋朝灭亡的第一原因

说起隋朝灭亡的原因，人们肯定会想到穷兵黩武、滥用民力、骄奢淫逸、贪腐横行等，但是有一个因素被大家忽视了，而且这可能是隋朝灭亡的第一原因。

隋炀帝杨广固然不是一个好领袖，但他确实是个雄心勃勃的家伙，一心想建立丰功伟绩，青史之上把名来标。所以，他一上位就开始了他的折腾史，一直到其生命的最后一刻。

隋炀帝建功立业的伟大进程伴随着重大安全事故，如果当时的新闻媒体像现在这么发达，重大安全事故报道肯定连篇累牍，充斥荧屏。

大业元年（605年），隋炀帝一声令下，开凿大运河工程轰然启动。当时全国人口为八百七十万户，这空前绝后的壮举共用约一亿五千万个人工，平均每户百姓要出近二十个人工。不计其数的百姓被迫不分昼夜地挖河运土，许多人累死在还未挖成的河道中。

大业八年（612年），隋炀帝第一次征讨高句丽。出兵以前，他大批征调江南的民工和船只，把黎阳仓和兴洛仓的粮食千里迢迢从河南运到涿郡,船只前后相继,络绎不绝,疲劳奔走于路上的兵民多达几十万人,很多人积劳成疾,倒毙路旁无人收殓。

为了让自己东巡南游时有个可以舒舒服服歇脚的地方,隋炀帝每月役使二百万人营建东都洛阳,又把从各地征集的大量奇材异石送往洛阳。无数百姓被迫日夜奔忙,许多人活活累死在建筑工地或行车路上。

数不清的百姓在开运河、建宫殿、伐高句丽等"丰功伟业"的创建过程中失去了生命,原因应该主要有三个,前两个是显而易见的——其一,劳动强度过大;其二,休息时间过少;第三个则容易被大家忽视,那就是食物供应不足。

其实,隋炀帝统治时期,大隋朝并不缺少粮食,相反却丰盈充足得很。

据《资治通鉴》记载,隋文帝开皇年间(581—600年),国家繁荣昌盛,人民安居乐业,生产的粮食足够当时全国八百七十万户百姓吃五十年。于是,隋文帝在全国各地建立官仓囤积粮食,前面提到的黎阳仓、兴洛仓就是其中的两个。

隋炀帝身死国亡是在618年,离开皇时期不足二十年,官仓内应该还储存着大量的粮食,但他却不体恤民情,不爱惜民力,不肯给开运河的百姓供应足够的食物,以至于很多人累饿而死。无止境的徭役和兵役迫使千千万万的农民离开家园,大量田地荒芜,服完役回到家乡的农民家中无粮,无法生活,只得以树叶、树皮为食,甚至发生了人吃人的惨剧。

如果隋炀帝懂得"若要马儿跑,先要马儿饱"的道理,给辛苦劳作的民工们及时充足地提供饭食,遇到灾情就开仓赈济,那么,即使他大兴土木,滥用民力,也不至于落得个众叛亲离、身首异处的下场。

但,隋炀帝就是隋炀帝,他不是隋文帝也不是唐太宗,他是一个极度贪婪的吝啬鬼,始终不肯让老百姓分享"开皇之治"的丰硕果实,而且还极尽搜刮之能事,大有不把天下财富都纳入囊中就不罢休之势。

隋炀帝三次乘坐超级豪华的大龙舟南下江都游玩,每次都颁下圣旨要求沿途五百里以内的百姓无偿奉献精美食品。吃不完的珍馐美味开船时就挖个坑埋掉了事,许多百姓不堪承受,倾家荡产。

为了显示大隋朝的富强繁荣,隋炀帝邀请西域使者和商人到首都长安考察经商,敕命沿途郡县花费巨资迎送招待,各郡县的官员当然也不是傻瓜,他们会把花费翻十几番再摊派到老百姓头上。隋炀帝又命令长安东市商人穿上华装丽服迎接西域客人,并且要好酒好菜招待,不收分文,就连地摊上的卖菜人也得用龙须席铺地。隋炀帝还要求官员百姓用昂贵的彩帛缠饰长安城内的大小树木,以示富足,西域客人见之惊奇不已,问道:"你们隋朝也有赤身露体的穷人,为什么不用这些彩帛给他们做衣服穿,却白白用来缠树?"

在隋炀帝绝后而不空前(他前头有秦始皇在呢)的拼命折腾下,大隋朝江河日下,摇摇欲坠,结果,他那颗"好头颈"虽然没有如他所愿被人砍下,却也按照他的预感陪着被绳子窒息的心脏一块玩完了，于是，曲终人散，遗臭万年。

如果用现代语汇来描述一下隋炀帝的所作所为，可以说他是一个贪婪的人，一个吝啬的人，一个专门利己、毫不利人的人，一个不允许老百姓共享胜利果实的人，最后一点让他最终埋葬了他老爸创建的大隋朝，把官仓内那取之不竭、用之不尽的流油的粟米和洁白的稻米留给了之后的李唐王朝。唐太宗李世民是一个肯于与民共享、懂得体恤民情的皇帝，他站在"开皇之治"巨大物质财富的肩膀上开创了脍炙人口、万古流芳的"贞观之治"。

王薄：反隋第一人的跌宕人生

《隋唐演义》是中国人津津乐道的一部历史小说，书中的秦琼、程咬金、徐茂公等反隋英雄都是妇孺皆知的历史人物。但是，作为反隋第一人的王薄却并不广为人知，甚至可以说被人遗忘了，但他敢为天下先的反抗精神真的应该被后人铭记，因为正是他点燃了隋朝末年那可以燎原的星星之火。

在中国历史上，用来鼓动人们造反起义的口号屡见不鲜，比如秦末大起义的"大楚兴，陈胜王"，再比如东汉末年黄巾起义的"苍天已死，黄天当立，岁在甲子，天下大吉"，再比如元末红巾军的"石人一只眼，挑动黄河天下反"，但是，以一首诗号召人们起来反抗暴政却非常罕见，而王薄就开了这个先河。

王薄是隋朝末年齐郡邹平的一个铁匠，面对着隋政府的苛捐杂税和隋炀帝的穷兵黩武，他再也按捺不住心中的怒火，在大业七年（611年）带领周围的穷苦百姓在长白山（今山东邹平会仙山）举起了造反大旗，并且写下了一首慷慨激昂、颇具号召力的《无向辽东浪死歌》——

长白山前知世郎,纯着红罗绵背裆。

长槊侵天半,轮刀耀日光。

上山吃獐鹿,下山吃牛羊。

忽闻官军至,提刀向前荡。

譬如辽东死,斩头何所伤。

王薄起义的消息伴随着《无向辽东浪死歌》这首诗迅速传遍了长白山东西南北,附近的贫苦百姓纷纷上山加入起义军队伍,王薄义军很快就发展到了数万人,并且攻占了周围的很多县城。

612年,王薄率领起义大军向西南挺进,一路势如破竹,所向披靡,一直打到泰山脚下。这时,他遇到了一个强大对手——隋朝名将张须陀。

自从起兵以来,王薄取得了一个又一个胜利,他渐渐地有些飘飘然,根本没把张须陀放在心上,当然也就没有厉兵秣马,严阵以待。而张须陀对义军的情况却了如指掌,到达前沿阵地后,一鼓作气冲进了王薄义军的大营,义军还没反应过来就已经被打得七零八落,四散奔逃,王薄带领残兵败将向北渡过黄河后才暂时摆脱了隋军的追击。

当时,在黄河以北活跃着两支起义军——平原郡南部的郝孝德军和平原郡东部的孙宣雅军。

王薄渡过黄河后,和郝孝德、孙宣雅联合起来对抗张须陀,总算暂时站稳了脚跟。

不久,三支起义军合兵一处,南渡黄河攻打军事重镇章丘。当此之际,义军总兵力达到十余万,真可谓声势浩大,但是他们又遇到了张须陀。

在泰山一役大败王薄后,张须陀一直在休养生息,以逸待劳,当他得知义军正在向章丘发起进攻时,亲自率领两万步兵、骑兵赶到章丘助战。起义军虽然在数量上占据优势,但分别归王薄、孙宣雅、郝孝德三人指挥,不能真正协同作战,而张须陀的军队在休整后战斗力比之前更强,结果一场大战后,义军被迫退回黄河以北。

此后六七年间,王薄和他的队伍在今天山东省的北部沿海坚持打游击,尽管条件艰苦,四处转战,但他们一直高举着反隋的大旗。

618年,江都政变发生,隋炀帝被他的宠臣宇文化及等人杀死。消息传到渤海南岸,王薄不由得仰天大笑,热泪长流。他一直怀着杀死隋炀帝为天下除害的勃勃雄心,没想到宇文化及不但能舍得一身剐,把皇帝拉下了马,还要了隋炀帝的老命,这真是给老百姓报了仇、解了恨呀!彼时彼刻,王薄做出了一个决定——有机会一定要拜会一下宇文化及。

转眼到了619年,这时已是唐朝的武德二年,但天下仍是诸侯割据、四分五裂的惨烈局面,而宇文化及就是其中最寒碜的那个诸侯,可以说是屡战屡败,一路奔逃。

先后被瓦岗军和唐军打败后,宇文化及向东跑到了聊城,就是现在的山东省聊城市。王薄得到消息后,就匆匆赶来助战,当时,宇文化及正面临着夏王窦建德的进攻。

来到宇文化及军中后,王薄才知道这个家伙是个祸国殃民的奸佞,也是块扶不上墙的烂泥,因此,他决定和窦建德联手为民除害。

王薄一边和宇文化及周旋,一边悄悄派人和窦建德取得了联系,表示愿意作为内应帮助对方活捉宇文化及。于是,在一个月黑风高的夜里,王薄手下的将士打开城门,把大夏国的军队引入了城内,宇文化及及其属下内外受敌,无处可逃,只得扔下兵器,束手就擒。

虽然主动和大夏军联手除掉了宇文化及,王薄却不愿意屈居同是农民军领袖的夏王窦建德之下。一番思量之后,他带着自己的军队投入了大唐皇帝李渊麾下,随后被任命为齐州总管,颇有些衣锦还乡的味道。

王薄在齐州为官的时候,认识了一个名叫李义满的同僚,但两人相处得很不融洽,你看我不地道,我看你不顺眼,更糟糕的是,这给王薄最后的人生悲剧埋下了伏笔。

三年后,即唐高祖武德五年(622年),王薄跟随宋州总管盛彦师攻打刘黑闼(窦建德部下,在窦建德死后再次造反)占据的须昌,因为给养不足,盛彦师安排王薄到附近的澶州借调军粮。

关于王薄征调军粮时去的地方,几乎所有相关资料都说是潭州,但这是不合情理的。王薄要攻打的须昌在如今的山东省东平县,而潭州在今天的湖南省长沙市一带,后者无论如何也算不上前者附近的地区,所以,笔者以为,王薄当时去的地方是澶州而不是潭州。澶州在今河南省濮阳市一带,东面二百多里处就是须昌,而且是王薄后来从须昌西去长安时的必经之处，如果王薄如相关资料所说从须昌出发经过澶州去长安，那他绝对是个百分百的大路痴。

当时的澶州刺史是谁呢？不是别人，正是王薄的死对头李义满。李义满是个心胸狭窄的人，竟然出于私愤而把公义抛到了脑后——他把粮仓关得严严实实，一点军粮也不借给王薄。王薄很愤怒，盛彦师更愤怒，但大敌当前，只得暂时将怒火压在心里。

攻下须昌后，盛彦师立即派人把李义满关入了齐州大牢，几天后，李义满就死在了狱中。李义满的侄子认为他的伯父（或者叔父）死于王薄的挟私报复，时刻伺机要杀死王薄给李义满报仇。

王薄和盛彦师等率领唐军从须昌班师回朝时经过澶州，在一个月黑风高的夜晚，王薄不幸被李义满的侄子杀害，一代枭雄的传奇人生就这样出人意料地拉下了沉重的大幕。

追寻唐僧早年的足迹

　　唐僧西行取经的故事家喻户晓，但说起他取经前的经历恐怕知道的人就少之又少了，咱们在此就追寻一下唐僧早年的足迹。先来看《西游记》里的唐僧。在吴承恩的笔下，唐僧是海州状元陈光蕊和相府千金殷温娇的儿子，他在娘肚子里的时候就有着非同寻常的经历。陈光蕊金榜题名后被皇帝任命为江州州主，于是携着已有身孕的新婚妻子前去上任，不承想在洪州遇到了水贼刘洪。刘洪见殷温娇貌美，遂杀死陈光蕊，强行占有了殷温娇，并且冒名顶替做了江州州主。殷温娇本来想随丈夫同死，但为了腹中的骨肉不得不忍辱负重活了下来。在她生下儿子后，刘洪几次想杀死这个婴儿，她只好按照神的指示让孩子顺江漂流自己找个活路。金山寺的法明长老碰巧救下了殷温娇的儿子，给他取了个乳名叫江流儿，并且将其养大成人。江流儿十八岁时遵师命削发修行，法号玄奘，他就是日后西天取经的唐僧唐三藏。玄奘看了当年的血书得知自己的身世后，前往江州城寻母，随后奉母命远赴长安面见外祖父殷开山陈诉冤情，于是唐太宗派兵清剿水贼刘洪，玄奘法师在官兵的帮助下得以大报冤仇。故事最后，玄奘的父亲状元陈光蕊也幸运地起死回生，一家人在经历了生死磨难后终于圆满团聚，重获幸福……

相比之下，《西游记》外的唐僧，也就是历史上的名僧玄奘，虽然没有苦大仇深的复杂经历和波澜起伏的情感历程，但他的早期人生同样可以给我们很多感动和启示。

吴承恩之所以把唐僧写成海州人，可能是因为他对邻近故乡淮安又面朝大海的海州（今江苏连云港）一直心存向往。历史上的唐僧其实和海州没有什么关系，他所属的陈氏家族一直生活在中原大地西部的洛阳一带。

唐僧家族可谓是北朝后期历史的有力见证者，他的曾祖父曾做过北魏的上党太守；祖父曾担任北齐的国子博士；父亲陈惠则是隋朝的江陵县令。陈惠身材高大，眉目俊朗，而且通古博今，学问过人，用现在的话说，是个闻名遐迩的"男神"级人物。唐僧作为陈惠最小的四儿子，应该在很大程度上遗传了父亲的相貌和智慧。

唐僧原名陈祎，隋文帝仁寿二年，即602年，生于当时东都洛阳附近的缑氏（今河南偃师）。不幸的是，他还是个孩子的时候，父亲陈惠就撒手人寰，他们的家庭也随之陷入了困顿。万般无奈之下，陈祎的二哥陈素带着弟弟在洛阳净土寺出家为僧，从此走上了修习佛法的漫漫长路，这一年，陈祎十一岁。

遥想一千六百年前那个在晨钟暮鼓声中辛勤劳作的小和尚，我们心中最柔软的部分是不是被打动了呢？

寺院的生活虽然清苦，但总算衣食无忧，平安无虞。然而，"树欲静而风不止",618年,隋末唐初群雄逐鹿的战火烧到了净土寺一带。为了重新拥有一片净土,玄奘不得不跟着哥哥长途跋涉来到了几千里外的成都。

从十三岁正式出家,玄奘就已经开始了对佛经的学习研究。在蜀地的四五年间,玄奘师从多人,研习大小乘经论、南北地论、摄论等各家学说,学业大进,名声渐著。

李渊、李世民父子统一天下后,好学的玄奘开始在大唐各地漫游,一边参访名师,一边讲经说法。在研学佛经的过程中,玄奘深感汉译佛学著作不够完善,以至于某些经义说法含混,理解不一,摄论和地论两家在法相之说上更存在着难以融合的巨大分歧,因此他逐渐产生了去印度求取真经的想法。

武德九年,即李世民即位的626年,天竺僧人波罗颇迦罗密多罗(简称"波颇")抵达长安,玄奘向他咨询佛法时得知印度高僧戒贤在那烂陀寺讲授《瑜伽论》总摄三乘之说,于是更加坚定了西行取经的决心,这才有了唐僧取经这个彪炳史册、影响深远的历史传奇。

李渊也是了不起的人

大朝代的开创者,如汉高帝刘邦、宋太祖赵匡胤、元太祖铁木真、明太祖朱元璋、清太祖努尔哈赤,在人们的心目中都是中华民族历史上惊天动地、举足轻重的大人物,但有一个人却是例外,他就是唐高祖李渊,一个被儿子唐太宗李世民的光环所笼罩的开国皇帝。

其实,李渊也是一个相当了不起的人物。

李渊出生于长安,父亲是北周的唐国公李昞(唐朝的得名就源于此)。李渊七岁时父亲就逝世了,他便袭爵为唐国公。

李渊是隋炀帝的姨表兄弟,他的母亲和隋炀帝的母亲是鲜卑贵族独孤氏的亲姐妹,所以他一直深受隋文帝和隋炀帝的重用。

615年,李渊被调任太原,这里也是他起家的大本营。在太原,李渊成功地解决了北方突厥的威胁,同时他成功地战败了多支反隋军队,并通过受纳败军而不断地扩大了自己的力量。

617年七月,李渊正式开始起兵反隋。其实,李渊早就有起兵代隋以取天下的思想。为准备起事,他派李建成、李世民等"潜结英俊""密招豪友";以防御突厥为名,招募士兵;用"急而示之不急"

的策略廉价购买突厥的马匹；为隐蔽企图，他"纵酒纳赂以自晦"来迷惑隋炀帝，这些都说明他极富政治和军事才能。

晋阳起兵的决策也是他最后决定并付诸实施的。在有了较为充分的准备，时机成熟之后，他以"通突厥"的罪名将反对起兵的副留守王威、高君雅（二人实际上是隋炀帝安插在李渊身边的耳目）斩首，从而正式起兵反隋。

李渊起兵的战略是：因势借力，发展自己，先取关中，号令天下，进而统一全国。

所谓"因势"，就是借助天下大乱之势。所谓"借力"，是借突厥、李密等外部势力为己所用——当时突厥的力量相当强大，"中国人归之者甚众"；李密领导的瓦岗军是当时实力最强的起义军。为了把将成为后顾之忧的突厥转化为可以借用的力量，他卑辞厚礼以结交之；对李密，他极尽谦恭吹捧之能事，使李密得意忘形，从而心甘情愿地为李渊充当"拒东都之兵，守成皋之厄"的挡箭牌角色，李渊得以乘虚入关，夺取长安。

入长安后，他推举代王杨侑为帝，倡言"废昏立明"，扛着拥隋的旗号，欲行"挟天子以令诸侯"之事，达到代隋之目的，将"弑逆"的罪名留给他人，而把自己竭力塑造成"应天顺人"的新主形象，比当时争相过早称帝的群雄明显高出一筹。

李渊入据长安后，曾"以书谕诸郡县，于是东自商洛，南尽巴蜀，郡县长吏及盗贼渠帅，氐、羌酋长，争遣子弟入见请降"，用政治招抚手段达到了不战而胜、拓土徕民的目的。在此后征服群雄、一统天下的过程中，他也多采用军事进攻与政治瓦解相结合的手段。

当时关东的李密和宇文化及、王世充等杀得难解难分，李渊便对他们采取坐观虎斗、以敌制敌的策略，专力对付西北群雄。在西北战场，他采取个个歼灭、先急后缓的战略，派李世民先消灭对长安威胁较大的薛仁杲；在刘武周南犯时，又"悉发关中兵"，派李世民击灭之。在解除了西北的后顾之忧后，李渊才派李世民东出攻打王世充，夺占洛阳。

为平定南方的萧铣，李渊早在武德二年（619年）就派李靖入蜀协助赵郡王李孝恭做水战准备。因准备充分，用人得当，指挥得法，此役亦迅速告捷。而后李渊又平定了刘黑闼和辅公祏，完成了统一中国的大业。

李渊在战略上运筹周密，决策正确，用得其人，是取得这些作战胜利、从而统一全国的首要条件。另外，李渊善于听取大家的意见，集众人之智为智，合众人之长为长，从而做出正确决策。如在南下攻霍邑途中，传来突厥联合刘武周进犯太原的消息，他召集众将商议对策，然后择善而从，决定继续南下。大军受阻河东，众将或言先克河东，然后西进；或言避开河东，直取长安。李渊吸取了两种意见的合理部分，留部分军队围河东，自引军西趋长安，后来的情况证明此乃极为明智之举。

李渊是唐朝开国创业的军事统帅，沉谋多算，善于决断，是个既富远见，又善施行的政治家和军事家。旧史书把大唐创业之功多归于李世民，将李渊描写成一位庸庸碌碌、无所作为的人，是不符合历史事实的。

到底谁是超级"妻管严"

古往今来的大名人中有"妻管严"之习者虽非洋洋大观,却也不乏其人,最著名的如四大刺客之一的专诸、东晋开国名相王导、隋文帝杨坚、大唐名相房玄龄、唐高宗李治、唐中宗李显、北宋大科学家沈括、明代开国名将常遇春、抗倭名将戚继光、清初重臣索额图、大学者胡适等,但房玄龄其实有些冤,因为他被人移花接木了。

"吃醋"是和"妻管严"密切相关的一个典故,传说此典即来自房玄龄怕老婆的故事。但关于"吃醋"的最早记载的主人公却不是房相爷,而是官职比他低一级的任尚书。

唐太宗初年的兵部尚书任瓌也是个"妻管严",关于他惧内的记载出现在唐朝著名传奇作家张鷟(660—740)的《朝野佥载》之中,虽为古代文言,读来却明白如话——"初,兵部尚书任瓌敕赐宫女二人,皆国色。妻妒,烂二女头发秃尽。太宗闻之,令上宫赍金壶瓶酒赐之,云:'饮之立死。瓌三品,合置姬媵。尔后不妒,不须饮;若妒,即饮之。'柳氏拜敕讫,曰:'妾与瓌结发夫妻,俱出微贱,更相辅翼,遂致荣官。瓌今多内嬖,诚不如死。'饮尽而卧,然实非鸩也（后人以为乃是加了其他调料的醋），至夜半睡醒。帝谓瑰曰：'其性如此，朕亦当畏之。'因诏二女令别宅安置。"

相比之下，以房玄龄为主人公的类似故事则记载在年代稍晚的刘𫗧（742年前后在世）的《隋唐嘉话》一书中。

房玄龄之所以在《隋唐嘉话》里取代了本来属于任瑰的"光荣"位置，可能是刘𫗧记忆失误，也可能是他有意为之。如果是后者，原因应该是以名气更大的房玄龄作为惧内趣事的主人公更富戏剧性和传奇性。

其实，《朝野金载》中也有一个关于房玄龄的家庭故事，其间的一个细节——房玄龄妻子的姓氏也可以证明刘𫗧所言为虚。

房玄龄的这个故事有点像当下非常流行的恐怖小说。据说房玄龄年轻时曾经得过一次重病，好像即将不久于人世。小房一方面为自己感到难过，一方面开始担心他那年轻美貌的妻子可能会成为别人屋内的娇娘，于是就眼含热泪地恳请妻子卢氏要"守婚如玉"，更要守身如玉。谁知卢氏是个不一般的烈性女子，为了证明她冰清玉洁的品质，也为了让丈夫放心，这位奇女子竟然跑到梳妆台前拿起剪刀刺瞎了自己的一只眼睛。

房玄龄被妻子的果决行为震撼住了，身上的病竟然奇怪地由重转轻，进而痊愈了。卢氏虽然失去了一只明亮的眸子，却赢得了丈夫房玄龄一辈子的尊敬与爱护。

卢氏的做法有些吓人，但无害于他人，而常遇春老婆的行为则先害人后害己，乃至惨上加惨，万劫不复。

和唐太宗李世民一样，明太祖朱元璋也非常关心功臣们的感情生活，为了表示对常遇春的关爱，他赏赐给这位名将两个妙龄宫女。常遇春非常喜欢其中一个宫女洁白如玉的小手，他的悍妇老婆知道后很生气，后果很严重——那双手竟然被放进一个礼盒呈到了常遇春面前。常遇春上朝时依然心有余悸，于是他家中发生的惨案最后被皇帝知道了。朱元璋立即以其人之道，还治其人之身，且做得更绝，他背着常遇春烹杀了那个残忍的悍妇……

朱元璋炮制"妒妇汤"的故事出自王文禄的《龙兴慈记》，根据相关史料推断其可信度非常低，因为常遇春的老婆蓝氏（顺便说一下，她是名将蓝玉的亲姐姐）去世时间晚于她的丈夫。但是话说回来，这事也并非无中生有，它是以两个得到公认的史实为基础的，其一，开国名将常遇春是个"妻管严"；其二，朱元璋是个以严刑酷法著称的皇帝。

综上所述，就"妻管严"而言，常遇春老婆的故事不可信，房玄龄夫人的故事有冤情，唯有任瑰妻子的所作所为是毫无疑问的，而且她的气势把马上皇帝唐太宗都给镇住了，如此说来，这超级"妻管严"的桂冠只能暂时戴在任尚书头上了。

唐太宗的糊涂事

唐太宗李世民堪称我国历史上的一代明主，他兴科举，行均田，设租庸调制；重用房玄龄、杜如晦、魏徵等名相直臣；北平突厥，南定六诏，东交渤海，西结吐蕃，一统天下；对外则加强与东瀛（今日本）、天竺（今印度）和大食（今阿拉伯地区）等国的经济文化交流，使长安成为一座国际化的大都市，终于开创了"贞观之治"的盛世景象。

但是，当唐太宗进入晚年时却逐渐骄傲自满起来，不再虚心纳谏，做出了不少糊涂愚蠢的事情。他在过了多年安逸享乐的生活后，渐渐地趋向了奢侈腐化。为了更好地享受，他修复了隋炀帝在洛阳建的豪华宫室，还把已故大臣武士彟十四岁的女儿选为才人，给她起了个名字叫"媚"，这就是后来的武则天。在他做皇帝的最后几年，更是一反常态，既迷信占卜，又痴迷丹药，结果在五十二岁时由于用药过度而不幸驾崩。

贞观二十二年（648年），太白星多次出现在白昼天空之上，这本来是宇宙间天体运行的自然现象，而太史却占卜说，这应在"女主昌盛"。李世民又听说民间流传的《秘记》上说:"唐三世以后,女主武王代有天下。"这可让他这个皇帝睡不着觉了。他的李家王朝怎能让"武王"取代呢?于是,他要想尽一切办法找到这个"武王",把她扼杀在摇篮里。

有个叫李君羡的左武卫将军不幸成了倒霉鬼。他的官衔、爵号、籍贯和职务里,一连串占了四个"武"字——"左武卫将军"里占了一个,"武连县公"占了一个,他又是"武安县"人,是宫城北门"玄武门"的守将,太史的占卜正好应在他的身上,巧得不能再巧了。偏偏他的父母在他小时候给起了个女孩子的名字,叫作"五娘子",是盼他易于养活。可是,"五"与"武"同音,正好牵连到女主之忌里去。李世民迷信占卜简直丧失了理智,不由分说,先把李君羡贬到华州(今陕西华县)任刺史,后来仍不放心,又借故将其杀死。

李君羡到死也不明白自己犯了什么罪,成了李世民迷信的牺牲品。贞观二十一年(647年),李世民得了中风,瘫痪在床上。经御医诊治,半年后病体稍愈,可以三天上一次朝了。如继续边治边养,说不定会逐渐康复的。可是,此时的他却迷恋上了方士们炼制的金石丹药,希望自己长生不老。他先是服食了国内方士炼出的丹药,并不见效,便以为国内方士们的道术浅,随即派人四处访求国外高人。

贞观二十二年(648年),大臣王玄策在对外作战中俘获了一名印度和尚,名叫那罗迩娑婆。王玄策为了迎合皇上乞求长生不老的心理，就把这个外国来的和尚献给了李世民。这个印度和尚吹嘘自己有二百岁高龄，专门研究长生不老之术，并信誓旦旦地说，吃了他炼的丹药，一定能长生不老，甚至可以在大白天飞升到天宫里去成为仙人。

那罗迩娑婆的一番鬼话还真就打动了李世民，遂给这个印度和尚安排了豪华的馆驿，每餐都是丰盛的美食，天天有一大群下人侍奉着，生活不亚于帝王。这家伙见李世民对自己深信不疑，就煞有介事地开出一大串稀奇古怪的药名来，李世民便号令天下，按此方采集奇药异石，不论任何代价，不惜一切牺牲，只要能采办到印度和尚药方中的药，哪怕刀山火海也得取来。

一年之后，药配制好了，李世民非常高兴，毫不迟疑地将药全吃了下去，结果七窍流血中毒暴亡。这时他才五十二岁。

李世民是中国历史上第一个被"长生药"毒死的皇帝，他没有做到慎终如始，竟这样荒唐可悲地过早离开了人间。更可悲的是，他的后代子孙中还有好几个皇帝也死于服用丹药，步了他的后尘。

为什么斩龙的是魏徵

佛教认为宇宙中心须弥山四周的咸海中分布着四大洲,分别是东胜身洲、南赡部洲、西牛货洲和北拘卢洲。吴承恩在写作《西游记》时借用了这四大洲,还稍微做了修改,并且一不小心弄成了四大部洲,于是就有了孙悟空出生的东胜神洲,东土大唐所在的南赡部洲,如来佛祖和妖魔鬼怪共存的西牛贺洲以及虽提及但没出现的北俱芦洲。

《西游记》共有一百回,一至七回写的是东胜神洲,八至十四回讲的是南赡部洲,其后的八十六回说的都是西牛贺洲,只在第九十九回又涉及了南赡部洲的大唐。

诸位并没有看错,大唐确实被吴承恩老先生安排在了南赡部洲,请看第七回中的描写:

> 如来讲罢,对众言曰:"我观四大部洲,众生善恶,各方不一:东胜神洲者,敬天礼地,心爽气平;北俱芦洲者,虽好杀生,只因糊口,性拙情疏,无多作践;我

西牛贺洲者，不贪不杀，养气潜灵，虽无上真，人人固寿；但那南赡部洲者，贪淫乐祸，多杀多争，正所谓口舌凶场，是非恶海。我今有三藏真经，可以劝人为善。"

诸菩萨闻言，合掌皈依，向佛前问曰："如来有哪三藏真经？"如来曰："我有法一藏，谈天；论一藏，说地；经一藏，度鬼；三藏共计三十五部，该一万五千一百四十四卷，乃是修真之径，正善之门。我待要送上东土，叵耐那方众生愚蠢，毁谤真言，不识我法门之要旨，怠慢了瑜伽之正宗。怎么得一个有法力的，去东土寻一个善信。教他苦历千山，询经万水，到我处求取真经，永传东土，劝化众生，却乃是个山大的福缘，海深的善庆。谁肯去走一遭来？"当有观音菩萨，行近莲台。礼佛三匝，道："弟子不才，愿上东土寻一个取经人来也。"

关于南赡部洲的这七回，主要人物有三个：唐太宗、魏徵和唐僧。主要情节则是太宗夜梦救龙，魏徵昼梦斩龙，唐僧动身西行取经。

在这七回中，唐太宗身边的好多文武大臣都出场了，比如徐茂功、魏徵、王珪、杜如晦、房玄龄、李淳风、殷开山、程咬金、秦叔宝、尉迟恭、薛仁贵等，吴承恩为什么要舍弃其中武功盖世的名将而把斩龙的重任付于文弱书生魏徵呢？

先来看看魏徵的几个著名事迹。

贞观二年（628年），唐太宗听说一个郑姓女子年方二八，才貌出众，整个京城为之倾倒，不觉动了纳妃之心，就下诏让女子的父亲送其入宫。魏徵听说这个女孩早已许配给了陆家，便立即入宫进谏，他直言不讳、有理有节地对唐太宗进行了批评："陛下为人父母，抚爱百姓，当忧其所忧，乐其所乐。居住在宫室台榭之中，要想到百姓应有屋宇之安；吃着山珍海味，要想到百姓应无饥寒之患；嫔妃满院，要想到百姓应有室家之欢。现在郑氏之女，早已许配陆家，陛下未加详细查问，便将她纳入宫中，如果传闻出去，难道是为民父母的道理吗？"太宗闻言深表内疚，当即收回了诏令。

贞观十一年（637年），已经有点骄躁的唐太宗东巡洛阳，不仅到处泛舟，而且大兴土木，还因某县供奉不好而龙颜大怒。魏徵见状，毫不客气地告诉李世民当年隋炀帝曾在此让附近的每家每户百姓上贡，贡品吃不完就毫不可惜地扔掉，结果没过几年就天下大乱，命丧江都了。李世民毕竟是个明白皇帝，一听魏徵的这番话就赶快改变了态度，纠正了过失。

有一次，唐太宗得到了一只上好的鹞鹰，喜欢得不得了，时不时把它放在自己的肩膀上，大眼瞪小眼地欣赏。一天，他正这样做时，眼睛的余光忽然看见魏徵正远远地向他走来，便赶紧把鹞鹰藏在了怀中。其实这一切都没逃过魏徵的眼睛，于是他故意拖长了奏事的时间，等到他离开时，鹞鹰已经闷死在唐太宗怀里了。

唐太宗非常宠爱长孙皇后所生的长乐公主李丽质，给这个女儿准备嫁妆时，"礼数欲有所加"，大臣们纷纷努力迎合皇帝的心思，有的表示"陛下所爱，欲少加之"，有的请求双倍于永嘉长公主（李世民同父异母的妹妹），然而魏徵对此表示坚决反对，因为此举不仅不合礼法，而且逾越皇家制度。虽然唐太宗最终认可了魏徵的坚持，但魏徵在朝堂上提出反对意见时，他内心是翻江倒海，勃然大怒的，可能他回到后宫对长孙皇后大喊"会须杀此田舍翁（改天一定要杀了这个乡巴佬）"就和此事有关。

长孙皇后去世后入葬昭陵，因为不能停止对爱妻的思念，唐太宗在宫中建起了一座高高的瞭望台，这样他就可以随时眺望妻子的陵墓。一次，唐太宗让魏徵陪他登台远眺，并指着昭陵的方向问魏徵是否看得清楚。魏徵假装没有看到，皇帝顿时着了急："怎么会没看见，那是昭陵啊！"魏徵闻言回答说："我以为陛下望的是献陵（唐高祖李渊的陵墓），原来是昭陵啊！"唐太宗这才明白魏徵是在提醒他不要因为思念爱妻而忘了父亲，于是便伤心地让人拆掉了瞭望台。

看到此处，可能有朋友会问：这些事情和魏徵斩龙有什么关系呀？其实是可以有的，这就要提到一个历史典故——逆龙鳞。

逆龙鳞这个说法来自逆鳞，那么什么是逆鳞呢？

逆鳞是龙颈下面的一块月牙状白色鳞片，触之则痒，逆之则痛，脾气再好的龙一旦被触及逆鳞，也会像火山爆发一样怒气冲天，怒不可遏。

在古代，龙是皇帝的象征，给皇帝提意见就好比触及龙的逆鳞，于是就有了"逆龙鳞"的说法，而魏徵就是历史上最有勇气"逆龙鳞"

的人。据历史记载，魏徵先后向唐太宗进谏二百多次，还写成《十思疏》（后世称为《谏太宗十思疏》）、《十渐不克终疏》给皇帝在思想上大敲警钟。

在《西游记》里出场的大唐文武群臣之中，不仅房玄龄、杜如晦等文臣不敢像魏徵一样屡逆龙鳞，就是程咬金、秦叔宝、尉迟恭等武将也没有这样的勇气，如此说来，斩龙的艰巨任务"舍魏徵其谁"呢？

正是有了魏徵斩龙，才有了唐太宗、观世音的介入，然后才有了唐三藏师徒西天取经的精彩故事。

没有经住色诱考验的唐僧弟子

如果让你根据"没有经住色诱考验"和"唐僧弟子"这两个条件猜一个古代人物,你肯定会脱口而出说"猪八戒",这个答案当然是正确的,但可以作为真实答案的古代人物还有一个,他就是历史上的真实唐僧门下弟子,和玄奘共同完成《大唐西域记》写作的一代名僧——辩机。

645年,即唐太宗贞观十九年,玄奘从万里之外的印度学成归来,并且带回了一大批正版原文的佛教经典。唐太宗非常重视国际文化交流,下旨让玄奘在长安弘福寺开创译场,进行佛经的翻译工作,并且从全国各地选拔了九位学识渊博、文采斐然的高僧担任他的主要助手,辩机就是其中最优秀的那一个。

辩机才识过人,深受玄奘器重,在100卷经文中由他受旨证文者达30卷之多。他还编撰了由玄奘口述的《大唐西域记》,这是一部对后世影响巨大的地理经典著作,其丰富内容来自玄奘,其优美文采则归功于辩机。

辩机不仅是最优秀的,而且是最年轻的,不但年轻,而且俊秀英飒，器宇不凡，是个人见人爱的美男子，比《西游记》中的唐僧一点也不差。遗憾的是，他的帅气潇洒最终给他带来了灭顶之灾。

就像《西游记》中的天竺国公主爱上了唐三藏一样，也有一位公主对辩机一见钟情了，她就是唐太宗非常宠爱的高阳公主。

高阳公主的生母可能是唐太宗最为钟爱的妃子，所以太宗皇帝对她非常宠爱，并且爱屋及乌地对她的夫君房遗爱——开国功臣房玄龄的二公子，也给予了特别照顾，让他担任待遇格外优厚、工作一点不累、品级亦属一流的太府卿一职，境地远远高于其他皇家女婿。

"给点阳光就灿烂"，本来无可厚非，但如果灿烂得过了头，出了格，那就要捅娄子了，遗憾的是，高阳公主和房遗爱就是这样的主儿。

房遗爱不满足于既得利益，他还有更高的"追求"，他想取代哥哥房遗直来继承父亲的公爵爵位。高阳公主不知是想显摆一下自己在父皇跟前的面子，还是被房遗爱抓住了小辫子，竟然真的就帮着老公争夺那原本不属于他的东西。她不厌其烦地找大伯哥房遗直的麻烦，房遗直不敢惹皇帝的女儿，只好一忍再忍，最后实在没办法，就向唐太宗提出把爵位让给弟弟。唐太宗知道了整个事情的来龙去脉之后，非常生气，虽然没有处罚高阳公主，但从那以后，就不再像以前那样喜欢这个刁蛮任性的女儿了。

其后事态的发展对于高阳公主来说，正是"屋漏偏逢连夜雨，船迟又遇打头风"，一桩意想不到的盗窃案使她彻底失去了父皇的喜爱，同时也把辩机打入了万劫不复的深渊。

当时的中央监察机构御史台在审查一桩大宗盗窃案时，发现了一个只有皇室人员才可享用的金宝神枕，后经审问得知这个宝枕是从高僧辩机居所盗窃来的。于是，辩机受到讯问，此情此景之下，他不得不将实情和盘托出——原来这皇家专用的金宝神枕是高阳公主赠送给他的。

关于辩机与高阳公主的关系，《新唐书》中的"诸帝公主列传"里有这样的记载："初，浮屠庐主之封地，会主与遗爱猎，见而悦之，具帐其庐，与之乱。"翻译成现代文就是辩机当年曾在高阳公主封地的一座寺院为僧，高阳公主和驸马房遗爱在打猎时恰好从这个寺院经过，公主对辩机一见钟情，念念不忘，便借着礼佛上香到寺中和辩机幽会厮混，行淫乱之事。

这个故事够传奇，但却不够真实，更像来自现实而高于现实的文学虚构，而且让笔者不由自主地想起了《水浒传》中的潘巧云（杨雄之妻，后被石秀杀死）跟和尚裴如海的那一桩风流血案。也许施耐庵先生正是在看了高阳公主这段史料后才写下了潘巧云报恩寺幽会裴如海及之后石秀杀嫂等精彩篇章。

辩机和高阳公主有没有行淫乱之事，我们不能确认，但他们二人之间有关系应该是可以肯定的，至少高阳公主仰慕"俊秀英飒"的辩机，而辩机作为一代高僧在高阳公主的爱情攻势之下最终动了一点儿凡心俗念，收下了公主赠送的充满着柔情蜜意、令人浮想联翩的金宝神枕。

没有经住色诱考验的辩机原以为自己做得神不知鬼不觉，却没想到一宗涉及金宝神枕的盗窃案使他和高阳公主的私情东窗事发。

大概金宝神枕事件已经传得沸沸扬扬，满城皆知，御史们害怕一旦传到皇帝耳中，自己会因为欺君之罪而脑袋搬家，就不敢再替高阳公主这个天之骄女捂着盖着了。于是，这个案件被呈送到了唐太宗李世民的龙书案上。

唐太宗得知女儿竟然堕落到跟和尚有染，不由得又羞又恨，龙颜大怒，但"虎毒不食子"，伟大的唐太宗也不例外，他最终把最大的那团火烧到了辩机身上。

649年，也就是唐太宗在位的最后一年，"俊秀英飒，器宇不凡"的一代名僧辩机在首都长安被皇帝下旨赐死。彼时彼刻，历史老人为这个绝世英才之死发出了声声叹息。

高阳公主因为辩机之死恨透了父皇唐太宗，史载："太宗崩，（高阳公主）无戚容。"

孙思邈心系苍生的职场药方

从古至今,我们中国人都非常认可"人生四大喜事"的说法,就是:久旱逢甘雨,他乡遇故知,洞房花烛夜,金榜题名时。金榜题名对于十年寒窗的读书人或士子来说,确确实实是一剂让人心跳加速、血压升高的兴奋剂。唐代诗人朱庆馀在科考成绩揭晓之前写出了"妆罢低声问夫婿,画眉深浅入时无"的佳句,与他同时代的著名诗人孟郊则在榜上有名之后唱出了"春风得意马蹄疾,一日看尽长安花"的曲调。

然而,同为唐朝人的孙思邈却对科举考试一点也不感冒,甚至唯恐避之不及,更让人难以望其项背的是,他曾数次拒绝了几代皇帝亲自发来希望他进京做官的邀请函。

那么,孙思邈是怎么想的呢?他又有着什么样的追求呢?

孙思邈是一个真正的读书人,并非附庸风雅之辈。他自幼天资聪颖,与众不同,七岁上学时就能"日诵千余言",弱冠之年已通晓诸子百家,尤善谈老庄道家之学,并且还喜好钻研佛教典籍,被人称为"圣童"。当时的社会风气是"朝野士庶,咸耻医术之名,多教子弟诵短文,构小策,以求出身之道。医治之术,缺而弗论",孙思邈生活在这样的舆论环境中,却毅然决然地放弃了千军万马争过独木桥的求仕之路,选择了悬壶济世、救民于苦痛的行医生涯,这与他自己幼年的一段经历密不可分。

孙思邈小时候曾经患过风疾,为了治病,父母带着他到处登门求医,最后虽然把他的病治好了,但他们家却已是家产罄尽,徒有四壁。因为时时想起自己的痛苦经历,而且经常耳闻目睹老百姓们"看病贵、看病难"的窘境,孙思邈早早就立志做一名苍生大医,为广大民众解除身体和精神上的痛苦,实现自己的人生价值。他以历代名医为榜样,刻苦钻研医药典籍。对于诊疗疾病的方法、采药的常识、制药的程序和养生保健之术,凡有一事长于己者,他总是不远千里,伏膺取决。所以,在二十岁左右时,孙思邈已打下了坚实的医学基础。

孙思邈不但重视书本知识,善于学人所长,而且极为注重实践。他走遍了家乡关中的山山水水,而后在唐太宗贞观年间南下到现在的四川考察风土人情,采集药材,炼制丹药,并沿途为百姓施诊治病。他此次南行丰富了医药知识,开阔了视野,积累了实践经验。他在峨眉山道士处得到了高子良服柏叶法,在江州(今重庆江津)治愈了湘东王的脚气病,为梓州(今四川三台)刺史李文博治愈了消渴病(类似于现在的糖尿病)。在此期间,他亲自为六百多名麻风病人做过治疗。归途中又为梁州(今陕西汉中)汉王李元昌治疗水肿,为陇州韩府君用马灌酒治疗风疾,都获得了成功,还用瞿麦丸治愈了一位中流矢的士兵,使其身上的箭头在服药后自行脱出。

俗话说:人怕出名猪怕壮。伴随着一个个病人的成功被救治,孙思邈的名气越来越大,逐渐传到了皇帝的耳朵里。梦想着长生不老的皇帝们一个接一个地向孙思邈抛来橄榄枝,据说早在隋朝开皇年间,隋文帝就曾邀请孙思邈入朝担任国子监博士,却被孙思邈以生病为由推辞了。

隋末唐初改朝换代之际,为了躲避战乱和朝廷征辟,孙思邈隐居太白山,后又隐居终南山。唐武德年间,他与熟谙佛教"医方明"的道宣法师相识,二人结为知交,每一往来,谈论终夕,最后二人在医学上都获益匪浅。

唐高祖李渊也曾想将孙思邈招来为己所用,据《华严经传记》卷五载:"义宁元年,高祖起义并州,邈在境内,高祖知其宏达,以礼待之,命为军头,任之四品,固辞不受,后游历诸处,不恒所居。"孙思邈曾与亲友说过,待将来社会上出了贤明君主时,自己可以出来做些济世救人的事。

开创贞观之治的唐太宗李世民固然是一代明君,但他也是长生不老药的超级"粉丝"。唐太宗也曾下了一道圣旨将孙思邈召到京城长安。见到年过半百却依然面色红润、容颜不老的孙思邈,太宗皇帝情不自禁地感叹道:"故知有道者诚可尊重,羡门、广成(二者都是古代传说中的仙人)岂虚言哉!"随后准备授以官职爵位,孙思邈仍婉言谢绝。唐太宗想强留孙思邈又怕损害了自己在老百姓心中的光辉形象,只得顺其自然,允他还乡。孙思邈走后,唐太宗继续搜寻服用据说可以使人长生的丹药，一面服药，一面心中发狠：难道没了张屠户就吃带毛的猪不成？没有你孙思邈，我照样可以长生不老！结果事与愿违，他后来因为服用丹药引起的汞中毒而"仙逝"了。

唐高宗一直是个病秧子（这也是皇后武则天得以掌权的原因之一），当然也希望身边有个老神仙似的医生，于是就在显庆四年（659年）召见孙思邈，欲授以谏议大夫之位，孙思邈辞谢不受。唐政府此时正在编纂《新修本草》（即后来的《唐本草》），就让孙思邈留在长安参与编写，这是孙思邈乐此不疲的工作，他就留了下来。不久，一部图文并茂的《唐本草》撰写完成，共五十五卷，收录了八百四十四种药物，这是世界上首部国家药典。后来，孙思邈以年老多病为由请求回乡，而后一直生活在故乡耀县的磬玉山。

孙思邈在皇帝们面前能够做到坚持自我，不卑不亢，实属难能可贵。更为可贵的是，他对待病人，特别是穷苦百姓，像春风般温暖，像夏日般热情。

有一天孙思邈正聚精会神地著书立说，忽然有人跑来说南山一年轻人疼痛不止，呼吸微弱，因家境贫寒才拖延至今。他立即收笔，带上药囊装好金针，快速赶到病人家中。孙思邈想用针灸止痛，但古书记载的止痛穴位都扎过了，却还是无济于事，他十分耐心地继续寻找最痛点，突然，病人叫了起来："啊……是……是这儿！"孙思邈立即将金针扎了进去，疼痛很快就停止了。从此，人身上又多了一个痛点穴位——阿是穴。

作为一名医生，孙思邈不仅具有高超的医疗技术，而且还具有高尚的医德。他认为，医生应一切以治病救人为先，处处为病人着想。凡是到他这里来治病的人，不分高低贵贱，他一律平等对待。

一次，一位得了尿闭症的病人来找孙思邈求医，孙思邈见病人双手捂着高高隆起的肚子呻吟不止，心里非常难过。他想：尿流不出来，大概是排尿的口子不灵。尿脬（膀胱）盛不下那么多尿，吃药恐怕来不及了。如果想办法从尿道插进一根管子，尿也许就能排出来。孙思邈决定试一试。可是，尿道很窄，到哪儿去找这种又细又软还能插进尿道的管子呢？正为难时，他忽然瞥见邻居家的孩子拿着一根葱管吹着玩，脑子里立刻有了主意。他找来一根细葱管，切下尖头，小心翼翼地插入病人的尿道，并像那小孩一样，鼓足两腮，用劲一吹，很快，尿液从葱管里缓缓流了出来，病人的病就好了。

这看似简单的一吹其实并不简单，如果一个医生的心中没有充满对病人的关切，他是无论如何也做不到这一点的。

在长期的医疗实践中，孙思邈有感于医方本草卷帙浩繁，忽遇急症求检困难，遂博采群经，删繁就简，并结合他个人的学术经验，于永徽三年（652年）撰成了《备急千金要方》（简称《千金要方》或《千金方》），共三十九卷，三百二十三门，方、论共五千三百篇，其内容包括诊疗、针灸、导引、按摩等，相当全面。书中记载的治疗脚气病的方法，比欧洲人早一千多年。他把妇、儿科放在卷首，以示重视，他还找到了复方，一方可治多病和多方可治一病的方法。

孙思邈认为："人命至重，有贵千金，一方济之，德逾于此。"

故以"千金"两字命名他的医学著述。《千金要方》一书较系统地总结了中国自古至唐初的医药学成就,自面世以来一直备受医家和学者之尊崇。永淳元年(682年),年逾百岁的孙思邈与世长辞。临终前,他嘱咐家人薄葬,不藏冥器,不宰杀牛羊举行祭祀活动。但孙思邈"功在生民,则民祀之",人们为了纪念他,尊其为"药王",并将他晚年隐居的五台山称为"药王山"。"箫鼓年年拜药王"已成了孙思邈故乡人民千百年来的习俗。

按照儒家设计的人生理想,一个读书人就应该追求"修齐治平",也就是"修身齐家治国平天下",从而"了却君王天下事,赢得生前身后名"。而作为读书人的孙思邈走了一条与众不同的人生之路,同样名垂青史,流芳百世。

"初唐四杰"的另一个闪光点

诗圣杜甫有诗曰:"王杨卢骆当时体,轻薄为文哂未休。尔曹身与名俱灭,不废江河万古流。"其中的"王杨卢骆"就是指大家非常熟悉的"初唐四杰"——王勃、杨炯、卢照邻、骆宾王。初唐四杰的诗文固然值得赞美,但我们在仰慕"四杰"如椽巨笔的同时往往忽略了他们身上的另一个闪光点。

那么,这个闪光点究竟是什么呢?在揭开谜底之前,咱们先来看一看和"四杰"同时代的几个著名诗人的人生履历。

杜甫的祖父杜审言生于645年,比王勃年长四岁,此公和王勃一样是唐代近体诗(主要指绝句和律诗)的奠基人之一,其五言律诗格律严谨,颇为时人及后人称道,但他身上有一个无论如何也洗刷不去的污点。武则天统治后期,张易之、张昌宗兄弟凭借超高颜值受宠于年迈女皇,一时之间成了某些臣子献媚结交的对象,杜审言竟然也没能免俗,以年过半百之躯和可以当他孙子的张氏兄弟打得火热。等到神龙政变发生,张氏兄弟被杀,武则天被迫退位时,杜审言就要为自己当初的选择付出代价了——一下子被流放到了三千里外的峰州，这个地方有多远呢？在现在的越南西北部。

当时和杜审言并称为"文章四友"的三个人分别是李峤、崔融、苏味道，他们仨之中有两个人和杜审言犯了一样的错误，这充分证明了"物以类聚，人以群分"是一个真理。

苏味道的年龄介于杜审言与王勃之间，"火树银花"这个脍炙人口的成语就出自他的诗句"火树银花合，星河铁锁开"。无独有偶，"模棱两可"这个成语也和苏味道有关，苏味道为人精明圆滑，怕担责任，经常挂在嘴边的口头禅是"处事不欲决断明白，若有错误必贻咎谴，但模棱以持两端可矣"，因此人送外号"苏模棱"。也正因为老苏有这样的性格，他才会在张易之兄弟权势日炽的时候有了逢迎依附之举，结果和杜审言一样被贬边远州郡。但他不如杜审言幸运，没能熬过被打压的日子，死在了大西南的眉州贬所。

和杜、苏二人相比，崔融应该算是小字辈，他比杜审言小八岁，比苏味道小五岁，可他却排在"文章四友"之首，应该是他的诗文当时最入女皇武则天法眼的缘故。受到皇帝青睐的东西往往在成就上走不远，比如北宋早年的西昆体，明朝初期的台阁体，崔融的诗文也不例外，所以，现在的唐诗、唐文选本中，根本看不见崔融的作品。崔融当年曾经触怒过张昌宗，后来却和杜审言、苏味道同流合污，屈节依附于张氏兄弟，神龙政变时当然也难逃厄运，被贬到瘴疠之地的袁州。好在他抗打击能力比较强，撑到了被召回京的日子，但不久就因为写《则天哀册文》苦思过度发病而逝了。

杜、苏、崔三人虽有污点，跟另一个著名诗人宋之问相比，就绝对是小巫见大巫了,这位宋先生在人生污点这一项上,可谓是"更上一层楼",甚至两层楼。他不仅媚附过张氏兄弟,还投靠过权臣武三思,并且是用朋友的鲜血染红了自己的官袍;还曾经厚着脸皮主动要求给女皇武则天做男宠,但被对方嫌弃,没有得逞。他不仅因为受贿被贬,最后还被赐死。另外,还有传闻说他为了得到一首好诗而用土囊害死了诗的作者——他的外甥,大才子刘希夷。不过,此说可信度不高,一则于史无据,二则刘希夷生年早于宋之问,二人之间存在甥舅关系的可能性微乎其微。

和宋之问并称为"沈宋"的沈佺期其实就是个小一号的老宋,他的诗名比宋之问略逊一筹,所犯过错也正好占了宋之问的一半,一是有公款私用行为,一是谄附张易之兄弟。虽然沈佺期在神龙政变时被流放的驩州比宋之问的泷州要远得多,但他遇赦回到京城后选择了低调做人,一心从事文学创作,不再参与权势之争,因此得以善终。

杜审言、苏味道、崔融、宋之问、沈佺期尽管都称得上是诗界翘楚,道德上却都有着难以抹掉的污点,千百年来一直在接受着文人学子的审视和批判。相比之下,同时代的"初唐四杰"则要高大上得多,他们不仅没有向权贵低头,而且还时有奋起抗争之壮举。

众所周知,骆宾王为起兵讨伐武则天的徐敬业挥笔写下《讨武曌檄》,以"请看今日之域中,竟是谁家之天下"等名句彪炳史册,光照千秋。殊不知,早在武则天刚刚开始依恃唐高宗的恩宠干预朝政时,骆宾王就曾经不顾身微言轻多次上书,引经据典讽刺后妃乱政,结果惹怒高宗、武后两口子,被投入了深牢大狱,这才有了那首流传至今的《狱中咏蝉》:"西陆蝉声唱,南冠客思深。不堪玄鬓影,来对白头吟。露重飞难进,风多响易沉。无人信高洁,谁为表予心。"

四杰之中,最有个性的要数杨炯,这是一个活得非常真实的人。当时,王勃凭借《乾元殿赋》名声大噪,于是就有了"王杨卢骆"的文坛顶级排名。杨炯年轻气盛,不甘心排在和他年龄相仿的王勃之后,就一时意气地发出话来说"吾愧在卢前,耻居王后",此后,想必两人之间应该展开过一场才艺大比拼,但他们的友谊并未因此而受到影响。王勃不幸溺水离世后,杨炯痛心之余,将王勃的诗文汇编成集,并亲自为之作序,对王勃的文学成就给予高度评价。

杨炯的愤世嫉俗在唐代诗人中也是名列前茅的,"麒麟楦"一词就是他天才的创造。杨炯非常看不惯那些附庸风雅、虚伪矫饰的达官显贵,他特意发明了"麒麟楦"这个词来予以嘲讽,说他们好比是驴子身上盖了一张麒麟皮,表面看起来好似神圣的瑞兽,既华丽又威风,但无论如何也改变不了蠢笨无比的驴子本质。

像杨炯这样的真正恃才傲物之士是绝对不会像杜审言、宋之问等人那样趋附投靠暴发户般的得势小人,而杜、宋之辈没能跻身"初唐四杰"之列应该与他们德行有亏乃至罪大恶极有一定关系,后世的奸臣蔡京被人们踢出"北宋四大书法家"的光荣队伍就是一个充分的证明。

谁杀死了上官仪

说起唐朝，人们肯定会首先想起唐诗或者唐太宗李世民，于是就会想当然地认为唐太宗的贞观之治必然是一个诗歌繁荣、诗人辈出的时代。令人遗憾的是，想象很丰满，真相很骨感，我们熟悉的李白、杜甫、白居易等大诗人都和唐太宗无关，真正属于贞观时期的著名诗人只有一个，他就是风行一时的"上官体"的创立者上官仪。

上官仪小时候是个非常不幸的孩子，他的父亲上官弘在奸臣宇文化及发动宫廷政变谋害隋炀帝时被杀身死，他则在好心人的救助下被送到一座寺庙假扮成了小和尚，这样才躲过了一番生死劫难。从那时起，上官仪就在寺院容身，一边辛苦劳作，一边努力攻读，后来他终于苦尽甘来，考中进士做了京官，还凭借着自己的满腹才华赢得了一代明君唐太宗的青睐。

唐高宗继位后，上官仪也很受重用，但他万万没有想到新皇帝的青眼相加后来竟然会让他身败名裂，家破人亡，死无葬身之处。

唐高宗登上帝位后立的第一个太子是他的庶长子李忠，因为李忠的母亲是地位卑微的宫女，武则天生下的儿子李弘三岁时，唐高宗废掉了李忠的太子之位，将李弘立为新的太子。"母凭子贵"是封建社会的常见现象，到了女强人武则天这儿却完全颠倒过来成了"子凭母贵"。但是，武则天是一个权力欲极其强烈的女人，儿子的太子之位远远不能满足她的胃口，她还有更高的政治追求。

唐高宗虽然贵为皇帝，身体却一直不是很好，三十多岁时又得了风疾，发起病来头晕目眩，心烦意乱，根本不能处理政事，不得不委托皇后武则天代劳。等唐高宗身体好转重新理事时，武则天却不愿意交出某些权力。这样的事情发生了几次之后，皇帝和皇后之间的矛盾越来越尖锐，甚至出现了两口子争权的荒唐现象。结果，武则天觉得很委屈，唐高宗觉得特窝囊。

当时有一个名叫郭行真的知名道士，经常出入宫廷给后妃们提供宗教服务，和皇后武则天的关系尤其密切。有一天，当郭行真从武则天宫中出来时，路上正好迎面碰上大宦官王伏胜，郭行真打完招呼就慌慌张张离开了。感到奇怪的王伏胜四周查看时，在地上发现了一个和皇上颇为相似的小木头人，王伏胜知道这是道士们搞厌胜之术所用的道具，就毫不迟疑地把木头人交给了唐高宗。

所谓厌胜之术，就是用法术诅咒或祈祷以制服乃至致死所厌恶的人、物或魔怪，一如前朝盛行的巫蛊之术。

当木头人呈现在唐高宗面前时，他一切都明白了，这是皇后武则天宫中有人想要置他于死地呀！是可忍，孰不可忍，唐高宗终于彻底愤怒了，他要反击，义无反顾地反击。

于是，唐高宗派人召来了他最为信任的宰相上官仪，然后开始倾诉他那三江水也洗不尽的满腹悲愤。忠心耿耿、为君解忧的上官仪从来没见皇帝那么生气难过,就顺着皇帝的口气说:"皇后专恣,海内失望,宜废之以顺人。"正在冲动之中的唐高宗闻听此言,马上命令上官仪起草废后诏书。上官仪这边刚刚按照唐高宗的意思拟就圣旨,武则天那边早已经从安插在皇帝身边的耳目那里得知了这一惊天噩耗。

上官仪前脚刚刚离开,武则天后脚就风驰电掣般赶到了唐高宗跟前。

武则天深知唐高宗是一个多情而懦弱的男人,就一边哭诉她养儿育女、代理国政的辛苦,一边责问唐高宗不念旧情、意图废后的负心之举。唐高宗和武则天毕竟是同床共枕十几年、生儿育女一大群的老夫老妻了,他看着哭得梨花带雨的武则天,听着她无限哀怨的诉说,心中的一团怒火慢慢地转化成了满腔愧疚,最后干脆把一切责任都推到了上官仪身上,眼含热泪地对武则天说:"我初无此心,皆上官仪教我。"

容易冲动的人往往最容易后悔,唐高宗就是这样的人,他在废后一事上的冲动与后悔把上官仪父子推上了不归路。

"黄蜂尾后针,最毒妇人心。"武则天绝对当得起这句老话,她很快对上官仪展开了狠毒残忍的报复行动。

一个月后,武则天指示她的党羽许敬宗诬陷上官仪和王伏胜勾结废太子李忠大逆不道,图谋不轨。古语道"欲加之罪,何患无辞",上官仪和王伏胜当初曾为李忠的下属,对于这个诬陷更是百口莫辩。最后，上官仪及其子上官庭芝和王伏胜都被杀害，家产抄没入官，上官庭芝的妻子郑氏和刚刚出生的女儿上官婉儿被押到皇宫做奴隶，命途多舛的上官仪家族在江都血案四十多年后又一次经历了家破人亡的大惨剧。

虽然杀死上官仪的诏令是从唐高宗那儿传下来的，实际上要置他于死地的人是武则天，但上官仪和武则天之间的矛盾是由唐高宗的废后想法引起的。如果不是唐高宗不满武则天揽权，人家上官仪何必要冒着生命危险去摸母老虎的屁股呢。所以归根结底还是懦弱无能的唐高宗害死了一片忠心的上官仪，所谓"不怕神一样的对手，就怕猪一样的队友"，放在这儿应该也不算不合适吧。

陈子昂经历的那场惨烈战争

盛唐大诗人陈子昂在登上北部边塞的幽州台时，遥望四野，伤时怀古，写下了那首震烁古今、撼动人心的《登幽州台歌》："前不见古人，后不见来者，念天地之悠悠，独怆然而涕下。"殊不知，陈子昂在登台前后所经历的那场战争和这首名诗一样有着令人深感震撼、永志难忘的力量，而其中的某些小细节却又让人忍俊不禁，哑然失笑。

话说 696 年，大唐（严格说是大周，因为当时在位的是女皇武则天）东北边境的契丹族地区发生灾荒，百姓食不果腹，流离失所，急需中央和地方政府拨粮赈灾。但是，当时唐政府正在集中精力对付吐蕃的侵犯，而营州（治所在今辽宁朝阳）都督不仅对灾情漠不关心，还照常征收赋税，奴役边民。在这种情况下，某些野心家打起了反唐自立的大旗。

契丹的一个部落联盟首领、松漠都督李尽忠自称"无上可汗"，任命他的大舅子孙万荣为大元帅，并且向临近的营州和崇州发起了大举进攻。营、崇二州相继陷落，主将被杀，军民遭难。

消息传到东都洛阳，女皇武则天大为震惊，随即派遣曹仁师、张玄遇、李多祚、麻仁节等二十八员大将率兵征讨契丹叛军。

同时，为了一泄心头之恨，也为了对叛臣给予诅咒，武则天下圣旨把李尽忠和孙万荣的名字分别改为李尽灭、孙万斩。

八月底，曹、张、麻三将所率军队在黄獐谷（今河北迁安一带）中了李尽忠的诱敌深入之计，几乎全军覆没。此后，李尽忠故技重施，又给唐军造成了重大损失。

在这种情况下，大诗人陈子昂跟随建安王武攸宜奉命来到了战争前线。武攸宜是武则天的娘家侄子，太平公主丈夫武攸暨的堂兄，陈子昂在他的幕府中担任参谋。

陈子昂满怀报国之志，渴望建功立业，但武攸宜却并非胸有韬略、知人善任之人。武攸宜的错误指挥导致其前锋受挫，他只是敷衍观望，不敢再次出战。陈子昂主动请缨，要求带领一支军队上阵杀敌，武攸宜却因为他"素是书生，谢而不纳"。报国心切的陈子昂几天后二次请战，竟然激怒了武攸宜，结果被削去参谋之职降为军曹。

陈子昂壮志难酬，悲愤难抑，在日落黄昏时分，独自一人登上了幽州台，在燕昭王当年招贤纳士复兴燕国的地方，才有了流传至今的《登幽州台歌》。

不知是武则天的诅咒起了作用，还是纯粹属于意外的巧合，李尽忠在两军对峙的关键时刻竟然染上了重病，而且很快就死掉了，契丹军一时间士气低落，人心涣散，只好暂时撤退。

为了尽快解决契丹人的叛乱，武则天又派出了名将王孝杰和苏宏晖率领的十万大军。

然而，兴奋过度的武则天忽视了这个事实——虽然"李尽灭"死了，但"孙万斩"还活着，而且后者比前者野心还大。

孙万荣也是个不好对付的角色，面对强敌，他临危不乱，想出了兵分两路的对敌之策。这边用诱敌之计将求胜心切的王孝杰的精锐前锋包围在了东硖石谷，那边派兵把随后赶来的苏宏晖大军拦在峡谷之外，最终，寡不敌众的前锋部队几乎全部为国捐躯，主将王孝杰坠崖殉国。

大获全胜的孙万荣随后展开了更大规模的军事行动，他把军队分成了三部分，战斗力不够强的兵士们跟随他妹夫乙冤羽在后方修建新城，同时负责保护老弱妇幼；一部分精兵良将由他亲自率领向武攸宜驻守的幽州（今北京天津交界处）发起进攻；另一部分在别帅（即副元帅）何阿小、骆务整的带领下南下入侵现在的河北中部一带。

为了造成更大的声势，获取更大的战果，孙万荣还派出五个使臣去联络西边的后突厥默啜可汗，希望和他联起手来抢占大唐的土地、人口和财富。

孙万荣万万没有想到的是，他的使臣们在路上走散了，三个先至，两个后到。他更没想到的是，他们带给默啜可汗的是截然相反的消息，这个事件足够可笑，产生的结果则着实可悲，当然是对于契丹人而言。

先到的三个使臣告诉默啜"我契丹已破王孝杰百万之众,唐人破胆,请与可汗乘胜共取幽州"。默啜闻言大喜,以绯袍赐之。后至的两个使者见默啜有责怪之意,吓得把李尽忠已死、唐军主力犹存以及契丹军的动向都全盘端了出来。默啜这时才知前三个使臣企图骗他出兵,大怒之下将三人杀死,把绯袍改赐给后两个使臣。

默啜得知契丹后方空虚的消息后改变了主意,决定发兵进攻契丹新城,先捞一笔大财再说。新城在被围三天后陷落,默啜掳走了城里的所有人口和物资。

后院失火的噩耗传到孙万荣军中时,军心登时散了,因为很多契丹兵将的家人都在被突厥掳走的民众之内,在这种情况下,被迫和契丹人一起作战的奚族将士悄悄站到了他们的对立面。

唐军大将杨玄基注意到了孙万荣有撤退的动向,就抓住时机向敌人发起了进攻,奚族兵将则趁势退出并顺手给了契丹军一击。腹背受敌的契丹军被打得狼奔豕突,死伤惨重,丢盔弃甲、狼狈不堪的孙万荣眼见大势已去,只好带着身边的几千精锐骑兵拼命突围而出,一路向东奔逃。

在逃回契丹故地的路途之上,孙万荣又遭遇了唐军另一骁将张九节的阻击。张九节根据已经获得的军事情报,在孙万荣可能经过的地方排兵布阵,以逸待劳,把敌军的精锐骑兵打得人仰马翻,几乎全军覆没,最后孙万荣只带着几个亲兵亲将侥幸逃脱。

在各路唐军的围追堵截之下,孙万荣身边的兵将越来越少,当他逃到潞水(今京津冀交界处的潮白河)东面的一片树林,停下来喘口气时，才发现跟在身后的人已经屈指可数了。眼见得自己前无退路，后有追兵，上天无径，入地无门，孙万荣不由得暗自哀叹："今欲归唐，罪已大。归突厥亦死，归新罗亦死。将安之乎！"他的这声叹息让他身边的奴仆彻底心理崩溃了，他们绝望地杀死了曾经的主人，带着孙万荣的脑袋向唐军投降。

见到"孙万斩"的头颅，女皇武则天方才长长地出了一口粗气，余怒未消的她下令把这个叛贼的脑袋挂在四方馆大门上示众多日以儆效尤，四方馆恰是大唐朝廷接待周边民族和国家使者的官方机构。

大诗人陈子昂经历的这场惨烈战争至此终于画上了一个沉重的句号。

武则天的名字是个谜

空前绝后的一代女皇武则天好像有很多名字,但实际上她并没有给我们留下她最真实的名字。

武则天是大唐开国功臣武士彟的二女儿,祖籍并州文水。武则天于唐高祖武德七年(624年)正月二十三在利州(今四川广元)出生,当时他父亲正任利州都督。

不幸的是,武则天十二岁时,父亲武士彟去世,她和母亲杨氏受到族兄的虐待。于是,在贞观十一年(637年),十四岁的武则天被迫入宫服侍唐太宗。唐太宗最初非常宠爱她,赐名"武媚",封她为正五品的才人。武媚娘、武才人这两个名号就是从这儿来的。

武则天做了十二年的才人,地位始终没有得到提升,她万分失望,几近崩溃。没想到的是,在唐太宗病重期间她竟然和太子李治建立了特别的感情。

贞观二十三年(649年)唐太宗驾崩,武则天和没有子女的嫔妃们一起被送到感业寺做尼姑,法号明空,但是她与新皇帝唐高宗李治一直藕断丝连,暗中往来。

唐高宗即位后，在宫中最宠爱萧淑妃，王皇后来了个"以毒攻毒"之计，把二十六岁的武则天召回后宫。武则天回宫后迅速打败萧淑妃，获得了高宗的宠爱，第二年便被封为二品的昭仪，所以武则天又称为武昭仪。

武则天几十年间在大唐后宫一路摸爬滚打，终于从昭仪升皇后，从皇后转天后，从天后变皇帝，把国号从"唐"改为"周"，坐在了独一无二的龙椅之上。

新朝当然要有新气象，精神焕发、心潮澎湃的武则天连自己的名字也要换个新的。于是在称帝前夕，从她的堂外甥、凤阁侍郎宗秦客（这个人还是李白老丈人的伯父）所献的十二个新字中选了第一个字——"曌"作为她的新名字。"曌"字虽然与"照"字发音相同、意义相同，但结构特殊，能使人联想起"日月凌空，光被万物"这一磅礴景象。

武则天之所以独独钟情于"曌"字，应该还有两个原因，其一，武则天自称是慈悲为怀、普度众生的弥勒佛转世，"曌"字的字形很像大肚弥勒佛头顶日月；其二，"曌"字的造字灵感明显来自武则天被迫出家为尼时的法号"明空"，可以最大程度地给她带来麻雀变凤凰的快感。

神龙元年（705年），武则天病重，儿子中宗李显复位，给她上了一个"则天大圣皇帝"的尊号。不久，一代女皇在孤独寂寞中死去。她死后，唐中宗说武则天在遗嘱中要求去帝号，称"则天大圣皇后"。从这以后，才有了我们今天熟悉的武则天这个称呼。

说了这么多，我们还是没有搞清楚武则天在更名为武曌之前究竟叫什么名字。

《新唐书》中的地理部分有这样的记载："华州华阴郡，上辅。义宁元年析京兆郡之郑、华阴置。垂拱二年避武氏讳曰太州，神龙元年复故名。"由此可以确定，一代女皇武则天的尊姓大名中应该含着一个"华"字，但关于她的名字的其他细节仍然是等待人们破解的历史之谜。

盛唐兴衰

贺知章：最幸运的大唐诗人

唐代灿若星辰的诗人中，贺知章虽然不是名声最响，成就最高，却拥有两项"唐代诗人之最"的桂冠——最长寿者与最幸运者。

贺知章的长寿是毋庸置疑的，他出生于659年，逝世于744年，享年85岁，即使放在当下也毫无疑问属于长寿。唐朝诗人中有幸年过古稀的本就不多，能够进入耄耋之年的更是寥若晨星，与贺知章相比则是无人能出其右，总而言之一句话：最长寿的唐朝诗人这把金交椅贺知章老先生是坐定了的。

现在咱们专门来说一说贺知章漫长人生中的幸运所在。

贺知章的第一重幸运在于他的出生之地。贺知章的老家浙江萧山是典型的江南水乡，"暮春三月，江南草长，杂花生树，群莺乱飞"是他从小就耳濡目染的美景佳致。

在宝天、灵地、华物的共同滋养下，资质聪颖的贺知章很早就凭借文辞在越州一带闻名遐迩了，这是他的第二重幸运。朗朗上口，妇孺皆知的《咏柳》应该就是此时写成的，诗中"碧玉妆成一树高，万条垂下绿丝绦"的春柳形象正是少年贺知章的自我写照——自信而谦逊,热情而真诚。

故乡的花柳繁华和温柔富贵虽然让贺知章放慢了求取功名的脚步,却并没有消弭他内心的远大理想。695年,三十多岁的贺知章北上长安赴考,凭借超群的文采学识夺得头魁,造就了他作为浙江历史上第一个科举状元的崇高地位。贺知章"一举成名天下知",自然是他深厚散文功底和诗词实力的证明,同时无疑也是他人生中的一大幸运。

贺知章步入仕途后,主要担任的是文化部门的职位,比如国子四门博士、太常博士、太常少卿、礼部侍郎、集贤殿学士、正授秘书监等。对于那些权力欲强烈的人来说,这当然是令人大失所望的事情;对乐于诗文、热衷修道的贺知章而言却是另一重幸运。贺知章在公务之暇结交了一大批文朋诗友,其中就包括大家熟知的"诗仙"李白、"草圣"张旭、《春江花月夜》的作者张若虚。他和李白、张旭等人经常聚在山水佳处饮酒挥毫,谈诗论文,每次都是乘兴而来,乐而忘归,优哉游哉,快乐似神仙,在中国文化史上留下了"醉中八仙"的千古佳话。

说到唐朝的书法家,人们会想到颜真卿、柳公权、欧阳询、褚遂良、张旭、怀素等人,其实,贺知章在大唐书法家长廊中也幸运地拥有颇为重要的一席。贺知章最擅长的书体是草书和隶书,他的书法"如春林之绚采","与造化相争,非人工所到也",深深影响了晚唐和有宋一代的书风。李白非常钦佩贺知章的诗书双绝,曾经为之欣然赋诗曰:"镜湖流水漾清波,狂客归舟逸兴多。山阴道士如相见，应写黄庭换白鹅。"

贺知章还有三个最大的幸运。

其一，贺知章漫长的一生都生活在盛唐时代，没有经历过大唐的衰落和战乱的残酷，而且他老人家大半辈子居住在富丽堂皇的唐都长安，对于盛唐的气象最有发言权。我们通常以李杜、王孟、高岑作为盛唐诗人的代表，但其中的五位都在晚年遭逢了安史之乱，已经迈进了中唐时期，孟浩然虽在乱前离世，可他在长安待过的日子屈指可数。所以，如果真要推举一位诗人作为盛唐的代言人，贺知章雀屏中选的可能性要比他们六位大得多。

其二，贺知章与李白传奇性的相识，也就是大家熟知的"金龟换酒"的故事。这个故事尽管充满戏剧色彩，却是真实的历史场景。李白在听到贺知章辞世的消息时，回顾往事，百感交集，作《对酒忆贺监二首》深表怀念，并且特意在诗前写了一个短序："太子宾客贺公，于长安紫极宫一见余，呼余为谪仙人，因解金龟换酒为乐。"李白对贺知章的知遇之恩一直是非常感念的，其实与李白相识正是贺知章的最大幸运之一，因为每次说起李白"谪仙人"的美名时，人们都会提起或想起贺知章的大名。

贺知章的第三大幸运在于他的诗歌创作，这其中既有不幸更有万幸。不幸的是他的诗作绝大部分都遗失在了历史长河之中，万幸的是他最好的作品有几首留了下来。贺知章在他漫长的人生旅途中肯定写下了数以百计甚至千首以上的诗歌，但等到清人编纂《全唐诗》的时候，能够搜寻到的却只有十九首半了，那半首乃是一则断句。

流畅优美、脍炙人口的《咏柳》和《回乡偶书二首》自然就在其中，这就足以确立贺知章唐朝著名诗人的历史地位。

为撤职干杯

如果有人因为升职提干而举行庆祝酒会，大快朵颐，虽然有点张扬，不够低调，但也符合人之常情，无可厚非。可你听说过有人高调宴请亲朋好友饮酒行乐来庆祝自己被撤职吗？一千三百年前还真有人这样做了，这个人就是"八仙"之一的李适之。

说到这儿，您可能会有些疑惑，"八仙"中有李铁拐、吕洞宾等，哪儿来了个李适之呢？李适之当然和各显神通过东海的那八位仙人不是同道，他是另外一组"八仙"里的成员，这就是杜甫笔下的"酒中八仙"，诗仙李白、草圣张旭和老顽童诗人贺知章是其中最著名的三位。

李适之在后人看来远不如李白、张旭、贺知章知名，但在当时他的名气并不比这三位小，因为他不但是文化名人，还有着极高的社会地位。

李适之是绝对纯正的李唐宗室，他的爷爷不是别人，正是唐高宗的亲哥哥、废太子李承乾。但这个特殊身份对于李适之意义好像并不太大，他既没有因为是皇帝的本家而得到特别的恩遇，好像也没有由于是废太子之孙而受迫害。他开始时在地方任职,后来在"著名伯乐"韩朝宗的推荐下,凭着善于理政、"庭无留事"的能力和清廉自守、深得民心的官声先进京,后拜相,达到了仕途的巅峰。

天宝元年(742年),李适之被唐玄宗任命为左相。他性格豪放,办事干练,所以经常在朝堂之上和著名的小人、奸相李林甫就某些政事发生争执。李适之同时是个"性情简率"、不拘小节的人,和李林甫争吵过去也就忘了,还和以前一样跟对方相处。但心胸狭隘、心肠歹毒的李林甫却早已怀恨在心,而且一直在寻找机会对李适之进行报复。

李适之爱饮美酒,酒量极大,"饮酒一斗不乱",喜欢宴请宾客,诗词酬唱。诗圣杜甫在《饮中八仙歌》中曾经这样以歌赞之:"左相日兴费万钱,饮如长鲸吸百川。"李适之的如海酒量自然是难得的,但更难得的是,他夜间呼朋引伴,尽情饮酒行乐,白天却能照常上朝,处理政事,一点也不耽误工作。

可是,李适之的对手李林甫善于无中生有。当他抓住了李适之喜欢饮酒这个小辫子后,如获至宝,迫不及待地跑到宫中向唐玄宗吹风:"陛下,李适之虽办事干练,但此人嗜酒如命,身为左相却常常欢饮达旦,京师之人多有议论,这样下去会耽误朝廷大事的!"唐玄宗信以为真,对李适之逐渐疏远起来,但并没有如李林甫所愿罢免李适之的相位。

李林甫一计不成,又生一计。

一天早朝之后,李林甫笑嘻嘻地走到李适之面前,神秘地说:"李相公，我最近听说了一个事，想上奏朝廷。"李适之便问何事。李林甫说："华山盛产黄金，开采后可以使国家富强，估计圣上还不知道。"李适之闻听此言，急切地说："此乃利国利民之大事，您此时不上奏更待何时？"李林甫慢悠悠地说："此事一旦上奏，皇上必然高兴，肯定会赏赐我，我不愿独享。再说，近来皇上对大人您有所不悦，我想拉大人一把，此事就由您上奏朝廷吧，如何？"李适之连连点头，心里对李林甫充满了感激。

第二天上朝时，李适之就兴冲冲地把华山下面有金矿这个事上奏给了唐玄宗，唐玄宗听后龙颜大悦，夸赞了李适之几句，接着，转过头来问李林甫："此事你可知道？"李林甫道："启奏陛下，微臣早就知道这件事了，但是考虑到华山是陛下的本命，不可开掘，所以一直没敢告诉您。"这一句话使得唐玄宗的态度来了个一百八十度大转弯，他掉过脸来大发雷霆："大胆李适之，竟敢口出狂言，欲断我龙脉，你可知罪？"

原来，唐玄宗生于乙酉年，地支酉位居西方，五行属金，华山为西岳，又富金矿，故唐玄宗以华山为自己的本命和王气的宅舍。为了报复李适之，口蜜腹剑的李林甫故意借华山金矿陷害他。

华山藏金事件之后，"帝以林甫为爱己，而薄适之不亲"，用现在的话说就是，皇帝觉得李适之对他不够忠心，李林甫才是他真正的亲人，于是，对李适之越发不信任，越发疏远了。

唐玄宗被李林甫忽悠得正邪不辨，李适之却彻底看清了李林甫的丑恶嘴脸，但形势对他越来越不利了。

歹毒无比的李林甫并不肯就此罢手，他开始把黑手伸向和李适之友善的刑部尚书韦坚、鸿胪卿皇甫惟明等人。

皇甫惟明是一位战功卓著的大将，曾多次击败来犯的吐蕃军，他到长安来献俘时，心情大好的唐玄宗对他进行了封赏，并将其留在中央任鸿胪卿。

皇甫惟明入朝后，发现李林甫专权独断，便上奏唐玄宗请求罢免李林甫，并认为刑部尚书韦坚有宰相之才，可以重用。李林甫知道后，怀恨在心，决定报复。

八月十五的夜晚，韦坚与皇甫惟明一同赏月共度佳节，没想到这竟然成了他们人生中的最后一个中秋夜。

疯狗般的李林甫以此为借口，弹劾韦坚与刚刚入朝的边将私会，欲谋废立，韦坚与皇甫惟明因此被逮捕入狱。李林甫又让杨慎矜、杨国忠、王鉷、吉温等人一起出来做证，结果搞得唐玄宗也起了疑心，因为唐玄宗一直在担心太子李亨会抢班夺权，而韦坚恰恰是太子的内兄。

六天后，唐玄宗下旨责备韦坚因谋求相位存有野心，贬为缙云（今浙江缙云）太守；皇甫惟明因为挑拨离间君臣关系，贬为播州（今贵州遵义）太守。但悲剧并未到此为止，没过多久，两人一个被杀，一个被害。

韦坚和皇甫惟明被迫离开京城后，李适之觉得自己这个左相不能再当下去了，便向唐玄宗上交了辞呈。已经对他不再信任的唐玄宗也乐得就坡下驴，免掉他的宰相职位，给了他一个太子少保的闲职。

李适之以为放弃高官厚禄可以让自己躲过李林甫的诬陷迫害,恢复往日的幸福生活,一时之间百感交集,欣喜激动不已,便像过去一样邀请亲朋好友来府上饮酒,为自己去职赋闲庆贺。却没想到帖子发出去不老少,来赴约的只有寥寥几个,人情冷暖、世态炎凉于此一览无遗,令人唏嘘。

李适之感慨万千,当场赋诗一首:"避贤初罢相,乐圣且衔杯。为问门前客,今朝几个来?"

"避贤"乃拱手让贤之意,明眼人一看就知是反语,却可以借此逃过权奸的陷害。"乐圣"是双关语,这里的"圣"可以代表皇帝唐玄宗,也可以指代清酒,因为曹操的僚属曾经称清酒为"圣人",所以"乐圣"的表层意思是辞职以后乐得无事一身轻,尽情饮酒作乐,深层意思则是为了让圣上快乐,我就自己辞职去喝闲酒,不在圣上面前碍眼了。

后两句明白如话,直指冷酷现实——势利小人们见他罢相失势,自然不肯再来捧场;不是小人的亲友则有一些因为害怕受到牵连遭到李林甫迫害而止住了前来赴宴的脚步。此情此景之下,任李适之再生性旷达,也不免有些伤感。

但随后事态的发展却远远突破了"伤感"的感情防线。

如果李适之的对手是别人,他可能就可以从此打打马球,钓钓鱼,优哉游哉地度过余生了。但不幸的是想要对付他的人叫李林甫,是历史上那个坏得让后人创造出了"口蜜腹剑"这个成语的家伙。

不久，李林甫向李适之发起了新一轮的恶毒进攻，李适之终于被扯进了韦坚那个案子，因为与韦坚"相善（即关系密切）"贬为袁州太守，被彻底赶出了朝廷。

跟李适之一同被贬出朝的还有裴宽，裴宽本来和李适之没什么瓜葛，只因李林甫一夜做梦，梦见一人想谋害自己，其人之貌颇似裴宽，便顺便把裴宽也赶出了京城。裴宽的不幸遭遇充分证明李林甫已经进入了迫害狂的疯癫状态，即使李适之拥有为撤职干杯的淡泊心境，也难以逃脱被咬的结局。而李林甫这样的人竟然掌握国家权柄达十九年之久，唐玄宗晚年的荒唐于此可见一斑。此种情况之下，爆发动摇国本、涂炭生灵的安史之乱也就毫不奇怪了！

几个月后，当老友韦坚最终因为旧案被杀的噩耗传到袁州时，本来想在偏远之地独钓寒江、自得其乐的李适之感到了空前的绝望，觉得等待自己的只有无尽的屈辱，再也不可能有什么快乐了，于是他最终选择了服毒自尽。

"好死不如赖活着"，固然是一种坚强的生活态度，但同时我们必须承认"士可杀不可辱"是一种勇敢的人生选择。

947年，李适之死了，但他还活着，活在庭无余事的干练里，活在一饮千钟的豪放里，活在宁死不辱的高贵里，活在为撤职干杯的淡泊里。李林甫还活着，但他已经死了，实际上，从他开始绞尽脑汁害人性命时，他就已经死了。

诗仙李白背后的四个女人

唐代大诗人李白号称诗仙,可谓是离烟火味、凡俗气最远的诗人。但人在江湖,身不由己,这位被著名诗人贺知章尊为"谪仙人"的大诗人也并没有脱离结婚成家、生儿育女这一凡人的人生轨道,换句话说,他也是有着七情六欲的正常人。

李白出身蜀地富商家庭,作为商人子弟的他在衣食无忧、生活优裕的同时,面临着一个无法回避的"骨感"现实——唐朝法律规定,商人子弟不得参加科举考试。这对于心怀兼济天下之志的李白是一个沉重的打击,但李白心理素质够强,没有因此沉沦颓废,而是决定"仗剑去国,辞亲远游",以另一种方式去努力实现他的入仕之梦。

走出四川来到湖北的李白开始努力寻找他生命中的贵人,梦想着在贵人的帮助下"朝为田舍郎,暮登天子堂",从而实现"修齐治平"的远大理想。

在漫游大江南北,结交天下名士的过程中,李白的才华和气质引起了已经退休的宰相许圉师的关注和欣赏。老先生觉得这个年轻人前途无量,愿意把自己的孙女许给他为妻,李白也对将来的妻子许氏比较满意。于是，727年的一天，独在异乡的李白做了许府的上门女婿，在安陆安了家，开始了他四段婚姻生活中的第一段。

李白和许氏一起生活了十二年，生育了一儿一女，男孩叫伯禽，乳名明月奴，女孩则取名平阳。虽然李白的第一次婚姻还是比较幸福的，但他本人并算不上一个合格的丈夫和父亲，因为他时刻准备着外出游历，以便遇到生命中的贵人成就一番功业，他很少能静下心来帮妻子料理家务，陪孩子健康成长。更糟的是，他的漫游结友弄不来经济收入，一家人的衣食用度只能靠"吃老本"来维持。

既要勤俭持家，又要教养子女的许氏不幸在738年病逝，伯禽和平阳一下子成了没有娘的孩子，为了儿女，李白和一个姓刘的女子走到了一起。当时的李白既没有多少钱，也不像现在这样大名鼎鼎，还带着两个孩子，实在不是理想的婚姻对象。刘氏为什么会选择和李白结合已不可考，但很快她就对这桩既似闪婚又像裸婚的婚姻后悔了。

对于当时的李白来说，"星星还是那颗星星，月亮还是那个月亮"，但老婆已不是那个老婆了，可李白还是那个李白，依旧天天飘在外边，而且经常是千百里之外的远方。独守空房的寂寞和抚养继子女的辛苦让没有做好足够心理准备的刘氏渐渐有些抓狂，她最后终于彻底愤怒了，写信要求李白立刻回来，否则离婚。

自信"天生我材必有用，千金散尽还复来"的李白自然不会受这份气，他不但对刘氏的来信不予理睬，而且还在给朋友的信里写诗批判刘氏的所作所为——彼妇人之猖狂，不如鹊之强强；彼妇人之淫昏，不如鹑之奔奔，坦荡君子，无悦簧言。

虽然李白不肯向老婆认错屈服，但其实他也知道自己不是个好丈夫，他曾在《赠内》一诗中这样自嘲："三百六十日，日日醉如泥。嫁与太白妇，何如太常妻。"其内省精神还是值得后人学习的。

刘氏离开之后，李白离开了让他伤心的湖北安陆，来到了他父亲当年为官的山东任城，然后以此为中心，开始了新一轮漫游四方、求仙学道的生涯。此时的李白似乎对仕途功名不像之前那么热衷了，可机会偏偏在这个时候忽然降临了——皇帝召他入京面圣。后来在京城长安的事情大家都再熟悉不过了——放浪不羁的李白根本不适合官场，于是上书自请归山，随后便带着皇帝赠送的金银珠宝回到了任城。

不久，李白遇到了她生命中的第三个女人，遗憾的是，我们连她姓什么都不知道，就姑且称其为东鲁女子吧。

东鲁女子是一个任劳任怨的贤妻良母，不仅能够包容无暇顾家的李白，而且对李白的一双儿女关爱有加，所以李白对她非常信任。正因为找到了一个令人满意的妻子，李白决定在东鲁长期定居。于是他用皇帝的赐金在任城购买了大量田产，交给东鲁女子全权管理。后来，东鲁女子锦上添花，为李白生下一个活泼可爱的儿子，李白为其取名天然，小字玻璃儿。

遗憾的是，玻璃儿好像不幸夭折了，因为此后再也没有了关于他的只言片语，很可能玻璃儿的母亲在婚后第五年病逝也和玻璃儿的早夭有关系。

第三个妻子的逝世让任城也成了李白的伤心地，于是，他离开东鲁到南方漫游散心。

李白的第四个妻子，也就是最后一个妻子姓宗，和他的第一任妻子一样是个大家闺秀，乃武则天时期宰相宗楚客的孙女。宗氏同时还有另一重身份——李白的超级粉丝，他们二人的结合是一千三百年前偶像与粉丝之间的一个充满传奇色彩的爱情故事。

故事的发生是这样的。

话说李白游历著名的开封梁园时，大醉之后在墙上一气呵成写下了《梁园吟》，他走后，负责打扫梁园的工作人员准备擦掉李白留下的墨迹，正在这千钧一发之际，宗氏带着她的丫鬟来了。本来就是李白粉丝的宗氏一读之下，心潮澎湃，爱不释怀，遂以千金之价买下了留有李白诗作的这面墙壁，这就是"千金买壁"的文坛佳话。后来，机缘巧合，宗氏有幸与李白走到了一起，创造了超级粉丝嫁给偶像的人生传奇。

但是，跟与偶像相亲相爱的幸福快乐相比，李白带给宗氏的焦虑、痛苦恐怕一点也不会少。

安史乱起，永王李璘借平叛之名在南方培植个人势力，欲与肃宗皇帝争夺天下，一腔报国热血的李白一不小心站错了队，结果因李璘案下狱论死。宗氏得知消息后，心急如焚，以一介女子之身四处奔走，多方营救，终于使李白逃过一死，流放夜郎。虽然不久李白得以大赦，但夫妻二人却因为战乱从此分隔两地，再也没能见面。宗氏在对丈夫的无尽思念中走完了她的人生之路。

总是在漫游路上的李白注定不会是一个好丈夫、好父亲,但任何事情都像一枚硬币一样有着两面,正是有了四海为家漫游漂泊的人生经历,李白才能写出一首首描绘壮丽山河、表达羁旅之思的优美诗歌,才得以给后人留下一笔无比珍贵的精神财富……

王维兄弟：千首诗轻万户侯

唐代大诗人杜牧在安慰求仕不成的诗人张祜时写下了《登池州九峰楼寄张祜》一诗：

> 百感中来不自由，角声孤起夕阳楼。
> 碧山终日思无尽，芳草何年恨即休？
> 睫在眼前长不见，道非身外更何求。
> 谁人得似张公子，千首诗轻万户侯。

其中的尾联可谓是千古名句，意思是说张祜不必为仕途受阻而难过，他笔下的千首诗歌的价值要远远高于万户侯那样的高官显爵。张祜虽然不是杜牧那样的大诗人，却也无愧于杜牧的赞美之词，他的一首《何满子》足以流芳百世，但最适合为"千首诗轻万户侯"这句名诗做注脚的却是比张祜早一百年的大诗人王维和他弟弟王缙的人生经历。

王维与比他小一岁的弟弟王缙都是众人羡慕的早慧少年，年纪轻轻就把诗文歌赋写得行云流水，美不胜收。在故乡蒲州（今山西永济）声名鹊起后，兄弟二人决定去五百里外的京城长安一试身手，看能否蟾宫折桂，状元及第。开元初期，王维、王缙先后得中进士，步入仕途，哥哥被任命为太乐丞，隶属于太常寺下太乐署，负责朝廷上礼乐方面的事务；弟弟担任了侍御史，主要负责接受公卿奏事，举劾非法，有时也外出办案、镇压反叛。

弟弟王缙的政治生涯比较顺利，他在侍御史这个职位上摸爬滚打了几年后，升任兵部员外郎，后来又外放成为大权在握的太原少尹。太原在当时地位非常重要，类似于现在的直辖市，太原少尹则相当于现在的省部级副市长。

相比之下，哥哥王维的宦海经历则要曲折复杂得多。王维在任职太乐丞时，大唐宫廷中发生了一宗怪事——伶人舞黄狮子案，王维不幸深受其累，惨遭贬谪。

按照大唐律令，皇宫内廷的保留节目舞黄狮子只有皇帝和皇帝请来的客人才可以欣赏，否则观看者和相关人员会被追究法律责任。身为太乐丞的王维指导伶人们彩排演练黄狮子舞时，太乐署某些官员私自将亲戚朋友带入排练场地观看，结果惹出了大乱子，不但他们受到了严重的惩罚，还连累得王维被贬出京城，到千里之外的济州去做司户参军——一个管粮库的九品芝麻官。

后来，在贵人的帮助下，王维回到了长安，但一直没有个像样的职位。开元二十一年（733年），"海上生明月，天涯共此时"的作者张九龄拜相执政，这位大诗人非常欣赏王维的文采，就提拔他做了右拾遗，王维的京官生涯这才走上正轨。

两年后，王维升任监察御史，并且奉命远赴塞外公办。第二年秋天，当王维回到长安时，他仰慕的张九龄丞相已经被奸相李林甫排挤到荆州做地方官了，开元之治的清明之风正在慢慢淡出当时的政治舞台，取而代之的是天宝年间的奢华腐败气象。面对玄宗皇帝的昏庸和李林甫、杨国忠等人的专权误国，王维报国无门，心灰意冷，最终做出了半官半隐的人生抉择，以清新田园中的自娱自乐来摆脱污浊官场，得到暂时解脱。

"独坐幽篁里，弹琴复长啸""行到水穷处，坐看云起时"的日子虽然有着难言的苦闷，却也不乏清静的乐趣。但是，当安禄山悍然发动叛乱的时候，王维半官半隐的生活刹那间成了难圆的奢梦。安史之乱的第二年，即756年，叛军攻进唐都长安，唐玄宗带着大批亲信在禁军的护卫下仓皇出逃。正在长安城南的辋川别墅休养的王维没有及时得到消息，不幸落入叛军手中，沦为反贼安禄山的阶下囚。

尽管安禄山是个名副其实的大老粗，但他也懂得用文化装点门面的道理，因此，当他听说大诗人王维就在被俘的大唐臣子中时，欣喜若狂，立即派人将王维带到他的面前，希望能享受一下大诗人当面歌功颂德的特别滋味。王维没有勇气杀身成仁、舍生取义，可他早已下定决心装聋作哑（此时他已年近花甲），不发一言，但安禄山还是不肯放他离去，而是强迫他担任了原来的官职。

一日，安禄山在凝碧池畔大摆筵宴，论功行赏，并且召来被俘的大唐宫廷内的乐工歌伎奏乐演唱,还特意安排王维等被俘臣子现场观看。乐师雷海青忠肝义胆,摔琴斥贼,被安禄山残忍杀害,他的一腔滚烫鲜血染红了长安城暮霭沉沉的天幕。王维回到住所后,心潮翻滚,悲愤难平,夜深无人之际,挥笔写下了《凝碧池》一诗:"万户伤心生野烟,百官何日再朝天?秋槐花落空宫里,凝碧池头奏管弦。"

王维在安禄山控制的地盘里忍辱受罪的那些日子,他的同胞弟弟王缙正在太原城和安禄山的叛军展开激战。

王缙在太原少尹任上整肃纪律,从严治军,一时军纪凛然,官兵面目为之一新,无意中为迎击安史之乱做好了充分的准备。安禄山叛军向太原发起进攻时,王缙协助朝廷派来的名将李光弼坚守城池。经过一个月的艰苦奋战,李光弼和王缙成功打退了叛军的进攻,歼敌八万多人,取得了"太原之战"的完全胜利。长安、洛阳相继收复后,王缙因功回到朝廷任职,升任刑部侍郎。

令王缙意想不到的是,他刚到京城履任新职,就遇到了一个大难题——他的哥哥王维出事了。这时候在位的皇帝是唐玄宗的儿子唐肃宗,他从外地返回刚刚收复的京城长安后,下旨追查曾在安禄山手下任职的大唐官员,规定凡朝官受安禄山伪官者,据情节不同,分六等治罪,王维被定为三等罪。

王维是不幸的,却又是万幸的,因为此番蒙难和身陷叛军一样是一次有惊无险的经历。

唐肃宗读过王维的《凝碧池》一诗,知道他当时虽身在敌营,但始终不忘大唐朝廷，所以对他就多了几分恻隐之心，想给他从轻发落。这时，王缙又站出来请求以自己的官位为兄长王维赎罪。唐肃宗对王缙的兄弟之情甚为感动，因此对王维一案特别处理，赦免了他的附逆罪行，贬为太子中允。

王维早在安史之乱爆发前就已经是半官半隐状态了，接连受了两次巨大打击之后，对官场已经毫不留恋，只是将其作为衣食来源而已。此后的岁月里，王维与志同道合的好友裴迪"浮舟往来，弹琴赋诗，啸咏终日"，写出了一首首传诵至今的好诗。尽管我们现在一说唐诗，首先想到的是李白和杜甫两个超级巨星，然后才是王维、白居易等大诗人，要知道在历史上王维的名气和地位绝对不在李、杜之下。

王缙虽然因为替哥哥王维赎罪而被官降一级，但他不久就凭借自己的能力、军功和威望恢复了之前的地位，并且越升越高，直到在唐代宗（唐肃宗的儿子）初年被任命为黄门侍郎、同平章事、弘文崇贤馆大学士，还先后担任过两届宰相。王缙对哥哥王维固然有着非常深厚的感情，但当他官拜宰相时，肯定也会长长地舒一口气，因为他终于可以不再被人称为"大诗人王维的弟弟"了。

然而，一千多年后的今天，谁还会记得曾经两度拜相的王缙呢？偶尔有人提起他，他依然是"大诗人王维的弟弟"，而仕途多舛的王维却与他优美的诗歌一起扎根在世世代代的人们心中，这正是：

王维诗名播海内，

王缙拜相足风流。
千年过后分高下,
千首诗轻万户侯。

唐玄宗的"洋贵妃"

我们都知道，唐玄宗最宠爱的女人是体态微丰、貌美羞花，以霓裳羽衣舞名动天下的杨贵妃，殊不知，他身边还有一个同样能歌善舞，充满异域风情的"洋贵妃"。

西汉时有一个国家叫大月氏，张骞当年出使西域就是为了联合大月氏共同对付匈奴人的进攻。从公元前二世纪起，大月氏人一直生活在中亚地区。隋唐时期，他们在中亚东部先后建立了九个小王国，康国、米国、曹国、石国、史国等。因为大月氏的贵族都以昭武为姓，所以这些国家在中国史书中被称为昭武九国。

昭武九国大多位于丝绸之路沿线，因此各国都有很多商人来往于中国和中亚之间，有的还在长安、洛阳等地长期定居下来。为了方便与中国人交流，昭武九国的商人往往以国为姓，有的姓康，有的姓米，有的姓曹，不一而足。

唐玄宗的妃嫔姬妾中恰好有一个来自中亚曹国的美女，在史书中称为曹野那姬。从曹野那姬这个称谓和当时的文化风尚来看，这位"洋贵妃"的最初身份应该是擅长胡旋舞的舞姬。

胡旋舞在唐朝时期是一种非常流行的舞蹈，杨贵妃和安禄山都是跳胡旋舞的高手，有白居易的诗句为证："中有太真外禄山，二人最道能胡旋。"杨贵妃和安禄山之所以那么热衷于跳胡旋舞，一个重要原因就是唐玄宗喜欢这种舞蹈。

上有所好，下必甚焉，这句话不但适用于李唐的臣民，还适用于大唐的附属国。于是，曹国、康国、米国等中亚小国就将本国善跳胡旋舞的女子作为礼物送入了唐玄宗的宫廷，让大唐皇帝可以随时欣赏原汁原味的胡旋舞。

曹野那姬应该就是跟随曹国使节来到长安，进入唐宫，从而受到唐玄宗宠爱的。

根据常情推断，曹野那姬获得玄宗皇帝青睐，原因大概是以下两点中的一个：其一，她是中亚胡旋舞女中舞技最高妙者，别人都不能望其项背；其二，她不仅与其他胡旋舞女一样长于舞蹈，而且容颜出众，善解人意。

曹野那姬和唐玄宗"有缘万里来相会"固然是非常幸运的，但后来发生的一件事情却给她带来了多年乃至一生的痛。

被唐玄宗宠幸过几次后，曹野那姬幸运地怀上了皇帝的骨肉，一个混血宝宝即将降临人世，她心中充满了为人母的幸福和满足。

不幸的是，曹野那姬的孩子提前一个月来到了这个世界上，虽然幸运地活了下来，却明显比别的婴儿瘦小很多，可怜巴巴的，像个小虫子，大概这就是她以"虫娘"为名的原因。

更不幸的是，唐玄宗认为他这个早产的女儿是不吉之人，不但对刚做了母亲的曹野那姬不闻不问，后来还命人把小虫娘送入宫中道观习经学道，消灾祈福。

虫娘只是唐玄宗众多女儿中的一个，却是曹野那姬的全部，眼见做了小道姑的女儿将孤独一生，伴着青灯终老，她心中的痛苦无以言表。

安史之乱后，唐玄宗的儿子唐肃宗在西北登基称帝，他被迫做起了太上皇。地位变了，心态也随着变了，所以，当唐玄宗再次见到女儿虫娘时，内心里对虫娘和她的母亲曹野那姬充满了内疚感和亏欠感，这时，很可能曹野那姬已经不在人世了。

唐玄宗有权力封虫娘为公主的时候，他没有这样做；当他想做此事的时候，却已经没有这个权力了。此情此境之下，他只好把虫娘托付给孙子李豫（即后来的唐代宗）。

李豫是个重情重义的好男儿，他把祖父的嘱托记在了心里，继位后将虫娘封为寿安公主，并且为她择定了一个安稳可靠的人家。这时，无论曹野那姬是在天上还是在人间，她都可以了却虫娘的终身大事这个心愿了。

对比一下唐玄宗的杨贵妃和"洋贵妃"，尽管她们一个宠冠后宫二十年，一个只是昙花一现，但都因为身在后宫而染上了无法抹去的悲剧色彩，因为皇帝的后宫从来就是一个制造悲剧的地方……

大书法家李邕之死

大诗人李白在渝州(今重庆)曾经写下"宣父犹能畏后生,丈夫岂可轻年少"这一名句,与李白齐名的杜甫在齐州(今山东济南)留下了"海右此亭古,济南名士多"之佳句。这两句诗看似没什么联系,实则都与另一个大名人有关,他就是唐代大书法家李邕。

李邕出身诗书簪缨之家,他的父亲乃是注解《文选》的大学者李善。李邕自幼天资颖异,才华出众,是远近闻名的小神童,而且年纪轻轻就踏上了仕途,先后担任过户部员外郎、北海太守等职,因此被人尊称为"李北海"。

和不少文人墨客一样,李邕也是一个耿介不羁、放浪自负、不畏权贵的人,而正是这样的性格在那个时代给他带来了灭顶之灾。

725年,李邕正在陈州(今河南淮阳)担任刺史,唐玄宗从长安远赴泰山举行封禅大礼,这在当时是像北京举办奥运会一样的天下盛事。李邕虽然没有资格直接参与,但仍然兴奋激动得夜不安眠,接连写了几篇歌颂大唐盛世的辞赋以表喜悦心情,并且期待着能够让一代明君唐玄宗过目。唐玄宗西返长安时路经离陈州不远的汴州（今河南开封），李邕闻讯快马加鞭赶到那里，将自己的心血之作献给了唐玄宗。唐玄宗对李邕的书法、文采和忠心都非常欣赏，当面给予夸奖表彰。李邕深感荣幸之余不禁有些飘飘然起来，竟然在出了皇帝接见他的殿堂后对身边人说自己的才华"当居相位"，不巧的是，他的狂言正好被当朝宰相张说听到了。虽然张说心间对李邕的自负颇为不屑，但他当时并没有表示什么。

除了诗文出色、书法超群以外，李邕还有一个特点——喜欢交朋友，特别是结交江湖侠客一类的人物。广交朋友自然是要花钱的，有时候还需要很多很多的钱，这一点从《水浒传》中宋江和柴进的作风上可知其大概。所以，有时候李邕会借用公款来盛情款待或慷慨资助文艺圈和江湖上的朋友，然后再用卖书法所得来还债，长此以往就会存在这样的风险——一旦李邕不能及时填补政府账簿上的亏空，那他就会犯下挪用公帑的大罪。

唐玄宗泰山封禅之后不久，李邕身上的风险成了现实，而宰相张说又提起了他当初"当居相位"的狂言，结果李邕两罪并罚被判处死刑。

生死攸关的危急时刻，李邕的一个名叫孔璋的朋友站了出来，他冒着触怒龙颜的危险给皇帝上书，晓之以理，动之以情地为李邕辩护。唐玄宗被孔璋仗义执言的勇气和有理有节的话语打动了，就赦免了李邕的死罪，判其流放偏远的钦州。

李邕这一次与死神擦肩而过时已经过了不惑之年，此后，他的狂狷自负和豪奢无度有所收敛,这才得以东山再起,赢得了时人和后人都非常熟悉的"李北海"这个美名。

李邕在担任北海太守期间,先后和李白、杜甫一起谈诗论艺把酒言欢,在历史上留下了一段诗人间一见如故、惺惺相惜的文坛佳话。

李邕与李白、杜甫会面时已是年近古稀的老者,而李、杜二人一个四十出头,一个刚过三十,都比李邕年轻很多。另外,李邕彼时为一郡之长,而李、杜皆是布衣之身,在社会地位上亦相差甚大,所以,李邕在与李、杜相交上充分展示了他奖掖后进,礼贤下士的行事风格。

751年,李邕即将迈过古稀之年的门槛,本来该在致仕(大体相当于现在的退休)之后含饴弄孙安享晚年了,却不料一场滔天大祸无端地降临到了他的头上。

这个祸事和当朝太子李亨有着千丝万缕的关系,至于是有人设计陷害还是柳勣自投罗网,目前尚无定论。

柳勣当时担任左骁卫兵曹,和太子李亨是连襟,就像三国时孙策与周瑜之间的关系。他们共同的岳父名叫杜有邻,官任赞善大夫。柳勣和杜有邻脾气秉性大相径庭,前者轻浮狂傲,后者小心谨慎,所以这对翁婿相处得极为不谐,以至于柳勣在一次正面冲突后一时兴起把老丈人告到了大理寺,罪名是"妄称图谶,交构东宫,指斥乘舆",用现在的话说就是借着占卜算命诱导太子批评指责皇帝,这在封建时代可是足以导致灭族的大罪名。

那时正是李林甫专权的年代,而他正想把太子李亨搞掉,让寿王李瑁取而代之,以此向唐玄宗最宠爱的女人武惠妃邀功请赏。于是,李林甫抓住柳勣挑起的这个案子不放,誓要将其做成惊动皇帝的大案,并且把太子也要牵扯进来。

唐玄宗本就担心太子急于登位,这个事情更是让他感觉事态严重,特意下诏严查。很快柳勣被发现曾经接受过李邕送的一匹好马,李林甫感觉如获至宝,因为李邕乃当时的大书法家兼著名诗人,在国内外都有巨大声誉,如果让这个案子和他扯上关系,不愁不能做大。另外,很可能高傲自负的李邕在朝廷任职时曾经得罪过李林甫,于是,李邕就被戴上了"厚相赂遗"的罪名。

后来的调查结果证明柳勣乃是挟私诬告,杜有邻实属冤枉,但太子的亲戚把家事闹上公堂更让唐玄宗觉得皇家颜面大失,一怒之下不分青红皂白,喝令把告状者和被告者各打六十大板。谁知柳勣和杜有邻不经打,最后都呜呼哀哉了。

柳勣也许罪不至死,杜有邻当然非常不幸,但最冤枉的是大书法家李邕。

李邕和这个案子本来风马牛不相及,却因为李林甫的险恶用心被卷入其中,而他之前又曾有过获罪经历,最后竟然在古稀之年被皇帝和李林甫派去的特使"就郡决杀",大书法家的一腔热血染红了惊涛拍岸的北海——那片他曾留下文采风流的土地。

李邕之死海内震惊,举国叹惋,作为好友的李白、杜甫等人更是悲不自胜,义愤填膺。杜甫写下"坡陀青州血,芜没汶阳瘗"以示哀悼，李白则在一首长诗中表达了对李邕的深切怀念，"君不见李北海，英风豪气今何在"之感慨至今读来仍令人荡气回肠，悄焉动容……

心腹其实是心腹之患

心腹者,极为亲信之人也,心腹之患者,危及生存的最大隐患也,对于一个人来说,心腹之患应为其敌,心腹则应该为其友,这似乎是顺理成章、理所当然的事。但是,历史告诉我们,心腹在很多时候其实是心腹之患。

唐玄宗执政前期,亲贤臣而远小人,身边都是君子,比如开元三杰姚崇、宋璟、张九龄,后期却来了个一百八十度大转弯,亲小人而远贤臣,于是朝廷成了"天宝三佞"的天下。

"天宝三佞"者,李林甫、杨国忠、安禄山是也。

提到安禄山,大家脑海中可能会出现一个野蛮粗鲁、四肢发达、头脑简单的胡人形象。但实际上这个家伙花花肠子多得很,足以把雄才大略的李隆基忽悠得找不着北。

天宝二年(743年)正月期间,初次入朝的安禄山就凭借着比天方夜谭还玄乎的故事赢得了唐玄宗的欢心。

安禄山的故事是这样编的:在臣任节度使的营州境内,出现了铺天盖地的蝗虫,把庄稼糟蹋得不成样子,臣急得像热锅上的蚂蚁,就赶到郊外，点上香烛，对天祷告说："如果我对皇上不忠，就让蝗虫来吃我的心吧！如果我没有辜负皇上，就让蝗虫消失吧！"臣刚刚祷告完毕，忽然从远方飞来了一群红脑袋黑身子的神鸟，一会儿就把蝗虫吃了个干干净净。

安禄山不但能编，而且能演，把这个故事讲得有鼻子有眼，比真的还像真的，唐玄宗听得云里雾里，晕晕乎乎，想不信都难，便想当然地认为安禄山忠贞不贰，将其视为心腹，让他兼任范阳节度使。

天宝六载（747年），心腹安禄山又来京城长安朝圣了。在唐玄宗为他举办的欢迎晚宴上，他的"忠心"登堂入室，更上一层楼，他扑通跪在唐玄宗面前，信誓旦旦地说："臣蕃戎贱臣，受主宠荣过甚，臣无异材为陛下用，愿以此身为陛下死。"用现在话说就是：皇帝您老人家这么爱我这个番戎贱人，我虽没有什么大本事，可是真的愿意为您去死呀！

唐玄宗对于安禄山火山爆发般的表忠心行动非常满意，他让杨贵妃及其兄弟姐妹和安禄山称兄道弟，以示亲密。"懂事儿"的安禄山则提出要当比他小十八岁的杨贵妃的干儿子，而且还真就当上了，现在，全国人民都知道安禄山是唐玄宗的第一心腹了。

奇怪的是，安禄山对唐玄宗奉若神明，尊崇备至，对将来的皇帝——太子殿下却一点都不感冒，见了太子装作不认识。玄宗给他介绍说："这是太子，将来的皇帝，朕百年之后要传位于他。"你猜安禄山怎么说？他说："臣是愚钝的胡人，只知道当今陛下您，不知道太子是干什么的。"

彼时,唐玄宗已经对太子有了猜忌之心,安禄山的超级马屁正对了他的心思,所以他不但没有怪罪安禄山,相反对安禄山更加信任了。八年后,唐玄宗再想起安禄山的这番话,他会有一种全新的认识——怪不得安禄山不把太子放在眼里,原来他要抢我的皇帝宝座,剥夺太子顺利接班的机会。

安禄山的拍马表演还在继续,而且越来越有喜剧效果。安禄山身体非常肥胖,但给唐玄宗跳胡旋舞时却"其疾如风",好像肚子是个纸糊的摆设一样。唐玄宗大为奇怪,就问他肚子里有什么,他嘿嘿一笑,回答说:"更无余物,正有赤心耳(啥也没有,只有一颗红心)!"这君臣二人一逗一捧,无意中说了一段相声剧,在场的人个个捧腹大笑,乐不可支。

安禄山玩的都是嘴皮子上的功夫,得到的却是实打实的赏赐,被他的"赤胆忠心"感动得一塌糊涂的唐玄宗特意在长安亲仁坊为他建造了住宅,而且用他的金口发下玉言——"但穷壮丽,不限财力",于是,安禄山的新居富丽堂皇,极尽奢华,连厨房马厩都装金饰银,"虽宫中服御之物殆不及也"。

唐玄宗是真的将安禄山作为心腹来对待的。安禄山要权得权,要官得官,要兵得兵,要马得马,唐玄宗几乎满足了他的所有要求。凡有大臣上书弹劾安禄山有反意,唐玄宗就毫不留情地把他们押送到安禄山驻地,任其自行处理。

但是,安禄山不满足于做唐玄宗的心腹之臣,他好像更愿意做唐玄宗的心腹之患。

天宝十四载（755年），"渔阳鼙鼓动地来，惊破霓裳羽衣曲"，安禄山造反了。早有准备的叛军大举南下西进，势如破竹，措手不及的唐军节节败退，兵败如山倒，唐玄宗只得放弃长安，逃亡巴蜀地区避难。

第二年正月初一，安禄山自称大燕皇帝，在造反的路上又向前迈进了一步，同时也朝死亡迈进了一步。

安禄山称帝本来是有冲喜的念头，想借此疗治一下一直困扰他的眼疾问题，但事与愿违，他的视力在称帝后不仅没见丝毫好转，相反却一天比一天厉害，最终双目失明。

失明后的安禄山脾气越来越暴躁，性格越来越多疑，经常对心腹宦官李猪儿发火，甚至恶语相加，拳打脚踢。李猪儿怀恨在心，在准备篡位的晋王安庆绪的指使下，手持大刀深夜闯进安禄山寝室，对准安禄山腹部一通乱砍，史上第一叛贼立马儿血流满地，一命呜呼了。

唐玄宗被心腹安禄山搞得国破家亡，安禄山则被心腹李猪儿砍死床上，看来，所谓"心腹"随时可以变成"心腹之患"。从这个意义上讲，心腹不啻于一颗藏在身边的定时炸弹，关于此事，当权者当谨记矣！

国运不昌,真公主遭殃

说起历史上的公主和亲,大家肯定会想到嫁给吐蕃赞普松赞干布、为汉藏交流做出贡献的文成公主,但实际上文成公主并非真正的公主,而是李唐宗室亲王的女儿。文成公主的父亲是谁历史上没有明确记载,根据野史逸闻来看,很可能是唐太宗的堂弟,唐初名将任城王李道宗(后改封江夏王)。文成公主之前的乌孙公主、解忧公主以及嫁到匈奴没有留下名字的其他汉朝公主们和文成公主之后的金城公主都是来自皇家宗室的女子,与文成公主齐名的王昭君则只是一个和皇室毫无血缘关系的宫女。

作为天下至尊的皇帝,不管是大汉皇帝还是大唐皇帝,不到万不得已是舍不得让自己的亲生女儿远嫁蛮夷之地去完成和亲任务的,但是,唐肃宗李亨就不幸遇到了这样的特殊情况。

755年,安史之乱爆发,安禄山叛军出其不意,长驱直入,很快就打到了长安城下。唐玄宗吓得不知所措,一溜烟儿跑到四川成都躲起来了,烂摊子交给太子李亨收拾。李亨在战乱中仓促登上皇位,这就是历史上的唐肃宗。

为了打败安禄山叛军,唐肃宗接受名将郭子仪的建议,向善于骑射的马背民族回纥求助。回纥人非常仗义,立即派来骁勇善战的骑兵部队帮助唐军平叛。在回纥人的援助下,郭子仪带领唐军打跑了安禄山叛军,收复了都城长安。

长安虽然收复了,但函谷关以东的大片土地仍然控制在叛军手中,作为一国之君的唐肃宗还是感到重任在肩,寝食难安。为了和回纥人长期维持友好合作关系,让他们继续帮着唐朝军队攻打叛军收复失地,唐肃宗在答谢会上不得不应许了回纥英武可汗的请求,同意把女儿宁国公主嫁到回纥和亲。

唐肃宗之所以没有按照以往的先例,从李唐宗室中找一个女子代替真正的公主远嫁回纥,一是因为英武可汗当时就在长安,在人家眼皮子底下弄虚作假不方便,不仗义;二是大唐已不是当年的大唐,国运不昌,国难当头,即使有那个想法也没那个胆量了。在这种特殊情况下,宁国公主成了历史上第一个和亲的真公主。

宁国公主是唐肃宗的二女儿,从小就没了母亲,长大成人嫁给高门士族的郑巽后,刚过了几天好日子就成了寡妇,现在又因为年龄正适合婚嫁而面临着远离亲人故土、远嫁异国他乡的人生悲剧。唐肃宗当然知道苦命的二女儿即将成为残酷政治的无辜牺牲品,作为父亲他的内心充满了愧疚和痛苦。

在生离死别的饯行宴上,唐肃宗和宁国公主父女二人正是"执手相看泪眼,竟无语凝噎",纵使石头人儿在场也会泪如雨下。诀别时刻,宁国公主表现出了深明大义,外柔内刚的一面,她安慰父亲道："国家事重，死且无恨！"然后，毅然转身，跟随英武可汗走向了茫茫无际的漠北草原。

回纥贵族和民众听说贵为"天可汗"的唐朝皇帝把亲生女儿嫁到了回纥草原，都感到欢欣鼓舞，无限荣光，纷纷奔走相告："唐国天子贵重，将真女来。"宁国公主和亲回纥一时传为佳话。

然而，宁国公主真的是一个非常不幸的女子，她刚刚做了一年的"可敦"（回纥语，王后之意），丈夫英武可汗就在一次庆功宴上不幸去世了。英武可汗的儿子继承汗位，历史上称为英义可汗。英义可汗对唐朝不够友好，他一上台就向宁国公主提出了一个极为残酷的要求。

按照回纥的风俗和制度，没有儿子的可敦要给去世的可汗殉葬，宁国公主恰恰符合这个情况。因此，英义可汗要求宁国公主入乡随俗，给老可汗陪葬。

宁国公主不愧是来自上国大唐的贵族女性，坚决不肯遵从回纥的野蛮风俗，在生死攸关的时刻，她发出了振聋发聩的呐喊："我中国法，婿死，即持丧，朝夕哭临，三年行服。今回纥娶妇，须慕中国礼。若今依本国法，何须万里结婚。"英义可汗和回纥贵族一时无言以对。

正在这时，唐肃宗派来吊唁英武可汗的使节团到了。尽管大唐使臣倾其全力保护宁国公主不受伤害，但他们毕竟身在异国他乡，人单势孤，最终不得不同意了英义可汗的折中之举——让宁国公主自毁容貌代替殉葬。

万般无奈之下，满腔悲愤的宁国公主颤抖着双手拿起一把寒光闪闪的利刃，紧闭双眸，忍着剧痛用刀尖在她青春白皙的脸颊上划下了一道鲜血淋淋的伤口。想到自己所受的侮辱和悲苦的身世，宁国公主不禁痛彻心扉，泪如泉涌。伤痕累累的宁国公主那么渴望跟随大唐使节回到日思夜想的长安，可是没有皇帝的诏令她是不能擅自归国的，而且即使有唐肃宗的圣旨，回纥人也不一定会同意她离开草原。

对于宁国公主来说，不幸之中的万幸是，唐肃宗在她这个亲生女儿的恳求下，一改以往皇帝们要求和亲"公主"随从胡地风俗的做法，派人把她从回纥草原接回了京城长安。为了让女儿忘掉过去的惨痛记忆，唐肃宗改封宁国公主为萧国公主，并且给她找了出身名门望族的薛康衡做丈夫，宁国公主在经历了千难万苦后终于拥有了幸福的生活。

作为皇帝亲女儿的宁国公主最终苦尽甘来得以圆满，当初陪她嫁给英武可汗的宗室女子小宁国公主就没有这么幸运了。因为小宁国公主不是大唐天子"真女"，又给英武可汗生了儿子，回纥人坚决不肯放她归唐，还强迫她按照回纥风俗嫁给英武可汗的儿子——新立的英义可汗。更为悲惨的是，后来英义可汗被政敌杀死时，小宁国公主的两个儿子都被杀害，和他们的母亲一样成了无情政治的无辜牺牲品。

杜甫没有那么惨

大诗人杜甫曾经在《闻官兵收河南河北》中写下了这样的诗句："即从巴峡穿巫峡，便下襄阳向洛阳"，深刻表达了他对美好未来的憧憬和对远方故乡的眷念。遗憾的是，当他一路穿越巴峡、巫峡到达荆楚地区时，却并没有北上襄阳继而回归洛阳，而是继续沿江而下到了岳阳，然后南下潇湘，最终不幸客死在湘江中的一条小船上。杜甫人生中最后的那些日子诚然是令人心疼怜惜的，但他在湖南的经历似乎并没有我们想象中那么悲惨。

杜甫为什么改变北归计划，选择顺江东下进而南下呢？有人说是为了躲避战乱，可是据笔者查证，当时经襄阳到洛阳这条路线上并没有发生战事，这个说法似乎站不住脚。为了搞清楚这个问题，我们不妨追寻着杜甫的足迹一探究竟。

熟悉文学的人都知道，杜甫在成都时曾经得到过剑南节度使严武的照顾，流芳百世的杜甫草堂就是这个时期在城西浣花溪畔建成的，而杜甫被后世尊称为杜工部也是因为严武给皇帝上表荐举杜甫担任了检校工部员外郎一职。但杜甫漂泊旅程中最快乐的日子并不是流寓成都的这段时间，而是此后寓居夔州的那两年，这多亏了他生命中的另一个贵人——夔州都督柏茂琳。

因为当时陆路交通不方便，而杜甫又是个喜欢欣赏山水的人，他从成都到夔州一路都是顺江而下。他先是沿岷江经嘉州（今四川乐山）至戎州（四川宜宾），之后，自戎州沿长江经渝州（今重庆）、忠州（今重庆忠县）到达夔州（今重庆奉节），当时是唐代宗永泰二年，即766年的晚春。这年的十一月，唐代宗改元大历，也就是说终止永泰年号，开始启用大历年号，柏茂琳在这个时候奉命到夔州担任都督。

柏茂琳应该是一个特别喜欢诗歌和诗人的高级官员，他给杜甫提供了特别优厚的待遇，安排大诗人为公家代管一百顷东屯公田。一百顷是什么概念，一千五百亩土地呀！杜甫在办好公事的同时，自己也租了一些公田，并且和家人一起参加劳动。

在柏茂琳的悉心关照下，杜甫一家不仅过上了衣食无忧的小康生活，手中还有了不少的储蓄，于是杜甫就投资买了四十亩果园，做起了优哉游哉的田舍翁。美中不足的是，他的身体仍然和以前一样老是病恹恹的，而且后来左耳听觉开始一点点下降，不像以前那样灵光了。

这个时候，杜甫的弟弟杜观从京城长安来到了夔州，兄弟二人在多年战乱后异乡相逢，自然是既悲且喜，百感交集，说不尽的往事，道不完的离情。弟弟离开夔州后，杜甫的思乡之情越来越强烈，越来越难以抑制，重阳登高时他写下了这首流芳千古的名诗"风急天高猿啸哀,渚清沙白鸟飞回。无边落木萧萧下,不尽长江滚滚来。万里悲秋常作客,百年多病独登台。艰难苦恨繁霜鬓,潦倒新停浊酒杯"。

对故乡的思念终于让杜甫做出了放弃夔州的安定富足生活,取道荆楚返回洛阳故里的艰难决定。他把那片四十亩的果园送给了一个朋友,然后携妻挈子穿越长江三峡来到了楚地重镇江陵,就是现在的湖北省荆州市江陵区。

杜甫原想从江陵走陆路北上襄阳,然后从襄阳继续向北直达洛阳,但是,当时的地面交通远不像现在这么发达,高铁不行走普铁,普铁不行走高速,高速不行走公路,结果,杜甫在江陵城外等了好几个月也没遇到可以载着他一家老小去襄阳的合适车辆。无奈之下,杜甫决定继续乘船顺江而下,然后从位于现在湖北中部的沔鄂一带转入汉江,之后溯汉江而上抵达襄阳。杜甫逗留江陵前后偶遇了一个身份非常特殊的朋友,谁呢?后来的著名诗人李贺的父亲李晋肃,李贺之所以被剥夺了考进士的权利,就是因为他父亲名字中有一个和"进士"的"进"谐音的"晋"字。

但是,当杜甫乘坐的船只停靠在洞庭湖畔的岳州(今湖南岳阳),登临了闻名天下的岳阳楼后,他忽然动了游历潇湘寻访屈原、贾谊足迹的想法,要知道这两位文化名人和他一样都有着怀才不遇、报国无门的不幸经历呀!于是,杜甫暂时放弃了北归的计划,转而南下访古。

杜甫先沿着湘江来到了湘阴,拜谒了纪念湘夫人(屈原《九歌》

中的人物）的祠庙，此后溯流而上抵达贾谊曾经为官的长沙城，当时称为潭州。在潭州，杜甫由当地友人陪同游览了位于岳麓山下的道林二寺，还结交了一位名叫苏涣的新诗友。苏涣是杜甫的超级粉，当时就住在湘江边上，他听说著名诗人杜甫到了潭州，便径直去舟中拜访，杜甫请苏涣朗诵他的诗作，对他非常欣赏，很快，二人成了诗词唱和的好朋友，于是，杜甫那一年一直待在潭州没有离开。

第二年春天，杜甫在潭州巧遇了流寓到此的著名乐师李龟年，写下了那首流传至今、脍炙人口的《江南逢李龟年》："岐王宅里寻常见，崔九堂前几度闻。正是江南好风景，落花时节又逢君。"此后不久，潭州发生了一场兵变，杜甫为了避乱离开潭州沿湘江到达衡州（今湖南衡阳）。

当时，杜甫的舅父崔玮正在距离衡州不远的郴州任职，既然已经到了衡州，杜甫就决定沿耒水溯江而上去看望一下这位多年不见的亲戚。杜甫万万没有想到的是，就在他兴冲冲地乘船开始南去郴州的旅程时，他晚年生涯中最悲惨的日子已经悄悄揭开了序幕。因为彼时正值汛期，耒水暴涨，杜甫一家被困在了耒阳的方田驿，进退两难，徒呼奈何。因为洪水切断了驿站的物资供应，已经五十九岁的杜甫和他的一家老小竟然一连五天没有吃上一顿饭。后来，耒阳县令听说了著名诗人在他属地的遭遇，赶快特事特办，派人专程跋山涉水给杜甫送来了烧牛肉和白酒，并且帮他和家人转移到了安全的地方，杜甫一家这才脱离了饥寒交迫、命悬一线的困境。

被洪水围困的恐惧和半旬粒米未进的饥饿成了压垮杜甫身体的

最后两根稻草，老诗人最终在耒阳病倒了。病倒后的杜甫更加思念远方的故乡，叶落归根的想法更加强烈，就中止了南去郴州的行程，带病回转衡州，然后又匆匆奔向潭州。

遗憾的是，与生命赛跑的诗人杜甫离开潭州后不久病逝在了正沿着湘江向北方行进的客船之上……

杜甫之死毫无疑问是一个人生悲剧，但他离世前的生活除了被困方田驿的那五天外都可以算得上衣食无忧，悠闲自在，并不像人们认为的那样穷困潦倒。一则因为按照唐朝制度，曾任工部员外郎的杜甫去任何地方都会得到当地官员的招待，而且可以使用驿站的人员物品；二则杜甫当时已是名满天下的诗人，他的名气在为他带来敬重仰慕的同时，也可以给他的优游生活以物质方面的保证。放到现在，杜甫就是一个从副厅级职位上卸任的文化大名人，有如此身份的人在没有意外的情况下怎么可能和苦日子为伍呢？

韦应物：浪子回头的大诗人

中唐大诗人韦应物是作为田园诗派的代表人物扬名于世的，无论"春潮带雨晚来急，野渡无人舟自横"的幽深，还是"去年花里逢君别，今日花开已一年"的感伤；抑或是"凄凄去亲爱，泛泛入烟雾"的深情，或是"漠漠帆来重，冥冥鸟去迟"的空蒙，还是"空山松子落，幽人应未眠"的静谧，都在告诉我们它们的作者是一个淡泊而宁静的诗国才子。

然而，令人跌碎眼镜的是，韦应物老先生年轻时竟然像《除三害》中的周处一样，是一个"凶强侠气，为乡里所患"的浪子。

那么，这究竟是怎么一回事呢？

东晋时代最风光的是王家和谢家，唐朝时期最叫人羡慕的则是韦家和杜家，所谓"城南韦杜，去天尺五"是也，而韦应物正是出身长安城南韦氏家族的贵族子弟。

在电视剧中经常出现一个叫"千牛卫"的组织，实际上，所谓千牛卫就是保卫皇宫安全的侍卫军，分为左右两营，乃大唐皇宫十六卫中最重要的两卫。韦应物的第一个官职就是右千牛卫的执戟郎,当时他年仅十四岁,这个职位正是为他这样血气方刚的贵族少年设置的。第二年,韦应物因为勇气可嘉升格为三卫郎,真正成了玄宗皇帝的贴身侍卫。玄宗皇帝对韦应物非常欣赏,特意安排他在做皇宫侍卫的同时进入太学读书求学,希望他将来成为文武兼备的国家栋梁,为大唐的繁荣富强做出重大贡献。

令人遗憾的是,少不更事的韦应物辜负了唐玄宗的殷切期望。

汉乐府中有一首名诗叫《羽林郎》,给大家描绘了一个倚仗主人权势、调戏良家女子的恶奴形象,而韦应物当年担任三卫郎时的所作所为和《羽林郎》中的霍家恶奴冯子都相比,可谓有过之而无不及,所不同的只是冯子都是恶奴,而他则是恶少。各位如若不信,请看他自己后来在诗中写下的"呈堂证供"——"少事武皇帝,无赖恃恩私。身作里中横,家藏亡命儿。朝提樗蒲局,暮窃东邻姬。司隶不敢捕,立在白玉墀。"用现在的话说,他仗着自己皇帝贴身侍卫的特殊身份,打架斗殴,窝藏罪犯,聚众赌博,调戏妇女,没有不敢做的坏事,可是,没有人敢来管他,因为他"立在白玉墀(白玉墀者,皇宫中之台阶也)",是皇上眼中的红人。

755年,韦应物十八岁时,安史之乱爆发,这场反叛彻底打乱了韦应物纨绔公子哥儿的生活,却也成就了一个全新而正能量的韦应物。

安禄山发动叛乱的第一年,远离战场的唐都长安并没有受到山崩海啸般的猛烈冲击,皇室臣民们的生活依然在有条不紊地进行,所以到了适婚年龄的韦应物就先向皇帝请假,然后按照之前的安排回临潼老家忙碌自己的终身大事。

韦应物的夫人姓元名苹，也出身于当时的高门望族，正当二人沉浸在新婚燕尔、耳鬓厮磨的人生乐事中时，叛军的铁蹄渡过黄河，冲破潼关，以风驰电掣之势向长安城袭来。得知紧急军情的唐玄宗悄悄地带着亲随护卫西行南下奔往巴蜀避难，把偌大的长安城和满城的百姓都抛在了身后。韦应物虽然是皇帝的贴身侍卫，却因为正在休婚假而错过了跟随皇帝避难蜀地的机会，从而失去了三卫郎的官职，成了一个没有编制、没有收入、没有技能的"三无人员"。

韦应物是一个有血性有自尊的男子汉，他不肯沦为靠父祖基业过活的啃老族。在严酷的现实面前，他做出了自己的选择——洗心革面，痛改前非，清心寡欲，发愤读书，为了实现学而优则仕的梦想努力不息，奋斗不止。苍天不负有心人，几年之后，浪子回头的韦应物终于凭借自己的学识科举及第中了进士，于是，历史上多了一个爱民如子、"邑有流亡愧俸钱"的清官，多了一个"人归山郭暗，雁下芦洲白"的田园诗人。

孙悟空的原型原来是他

孙悟空的第一原型是盛唐后期中唐初期的一位西游天竺的高僧，他的法名就叫悟空。

故事要从 751 年大唐使臣张韬光护送罽宾国使节归国说起。

罽宾国位于天竺和西域交界处，也就是现在的巴基斯坦北部和阿富汗东部。罽宾国国王仰慕大唐的繁荣，景仰大唐的文化，于八世纪中叶派出一支使团不远万里到长安朝贡，表示愿做大唐的属国。好大喜功的唐玄宗深受感动之余，本着厚往薄来的外交精神派遣近臣张韬光率领大队人马，带着丰厚礼物，护送罽宾国使团回国复命。

在大唐使团中，有一位负责财物马匹管护的武将名叫车奉朝，他就是日后的高僧悟空。

车奉朝是北魏鲜卑贵族的后裔，家在京兆郡云阳县，就是今天的陕西省泾阳县。据《泾阳县志》记述，车奉朝自幼练武，艺高胆大，惯使一根三十六斤重的熟铁棍（是不是想到了孙悟空），打起仗来一二十人近身不得，这也是他被选为使团武官左卫的主要原因。

车奉朝含泪辞别年迈的父母和新婚的妻子，怀着一腔报国豪情跟随两国使团踏上了西行之路。大唐和罽宾国使团一行取道安西都护府，过疏勒、越葱岭、穿沙漠、涉沼泽，终于在753年到达了罽宾国。

罽宾国国王盛情接待了远道而来的大唐使团，并且带领他们到各地参观游览。一个月后，当使团按照计划准备东返长安时，车奉朝却突然身患重病，昏迷不醒，奄奄一息，据罽宾国御医诊断，他得的是一种由马瘟引起的怪病（是不是想到了孙悟空的官职弼马温）。在这种情况下，张韬光只好把车奉朝托付给好朋友三藏法师舍利越魔，自己率领使团回国向唐玄宗复命。

当初在回罽宾国的路途上，三藏法师和张韬光、车奉朝结下了深厚的友谊，送走大唐使团后，他不负所托，无微不至地照顾车奉朝，竭尽所能地给他治疗。苍天不负苦心人，终于有一天奇迹出现了，车奉朝苏醒了，而且逐渐恢复了健康。大病初愈的时候，车奉朝立下了这样的誓愿：如待病愈，愿落发为僧，他要借此表达对三藏法师和罽宾国百姓的无限感激。彻底病愈的那一天，车奉朝落发为僧，皈依佛门，拜在三藏法师门下做了弟子（是不是想起了唐僧收悟空为徒），法号法界。此后，法界乐此不疲地学习梵语，研究佛法，并先后到天竺的很多国家游历求学。

学有所成之后，法界决定离开罽宾国回归大唐看望久别的父母妻子，三藏法师理解弟子的心情，将梵文《十力经》《十地经》和《回向轮经》及佛舍利等圣物赠送给他，然后含泪目送弟子踏上了归国传法的漫漫旅程。

尽管一个人的归途艰辛而又孤独，但一想到家中望眼欲穿的亲人们，法界心中就充满了快乐和力量。可是，当他沿着西来之路到达龟兹时，却传来了一个令他心痛如割的消息——吐蕃入侵大唐的河西走廊，两国军队正在争夺对那片土地的占有权，这就意味着他东归的脚步不能继续前行了。

龟兹国王听说有一位高僧来到了他的领地，就热情地邀请法界留在龟兹讲学译经，不能归国的法界只得暂时在那里住了下来。然而，这一住就将近三十年，因为大唐和吐蕃一直在河西走廊对峙，直到786年吐蕃占领敦煌，唐朝彻底失去河西地区。对于这个结果，法界是既大失所望又稍感欣慰，失望的是国势衰颓，国土沦丧，欣慰的是战争结束，他可以回家了。

789年，曾经的武将车奉朝，现在的高僧法界终于回到了大唐京城长安。

当初车奉朝西行天竺时，在位的皇帝是晚年的唐玄宗，等他东归长安时，坐在龙椅上的已经是玄宗的曾孙唐德宗了。德宗皇帝对法界的归来非常欢迎，也非常重视，他特意下诏赐给法界一个新法号——悟空，并且让他在京城的章敬寺译经讲学。完成公事之后，悟空迫不及待地回到了离别四十年的云阳老家，可是，等待他的只有荒废倾颓的老屋和父母妻子坟头的连天衰草了……

后来，悟空早年在天竺的经历被另一个高僧圆照写成了一本书，书名就叫《悟空天竺记》。七百多年后，吴承恩创造《西游记》中的孙悟空时，应该是受了这本书和车奉朝这个人物的启发。

孤胆英雄韩愈

韩愈是大文学家、大诗人,是唐代古文运动的领军人物,唐宋八大家之首,是令潮州山水随之以韩为姓称为"韩山""韩江"的一代清官,但如果说他还是一位勇闯敌营的孤胆英雄,你是不是会感到惊讶呢?

故事要从唐宪宗元和十二年,即817年说起。

唐宪宗李纯是唐朝中后期在打击割据藩镇方面最给力的皇帝,他身边的几任宰相,如杜黄裳、李吉甫、武元衡、裴度,都坚决主张维护国家统一,反对藩镇割据,其中最为突出的就是平定淮西叛乱(著名的"李愬雪夜入蔡州"是其中的重要一幕)的总指挥裴度,而韩愈正是裴度平叛时非常倚重的左右手之一,当时他的身份是行军司马。

协助裴度宰相成功平定淮西叛乱的经历为韩愈后来的惊人之举奠定了基石,埋下了伏笔。

平叛成功后,韩愈因功升任刑部侍郎,后又出京先后担任潮州刺史、袁州刺史、国子监祭酒(相当于国立大学校长)等职,长庆元年（821年）七月，韩愈转任兵部侍郎。

就在这一年，河北镇州发生了王庭凑为首的军事叛乱。

王庭凑本来是在草原上游牧的回纥人，少有勇力，为人奸诈，后来因为当了成德节度使王武俊的干儿子，便改姓王了。821年，成德节度使、王武俊的孙子王承宗病死，朝廷任命原魏博节度使田弘正为成德节度使，这引起了王庭凑的强烈不满，因为田弘正曾经多次和镇州兵交战，双方有着不共戴天的血海深仇。

田弘正也知道这次赴任凶多吉少，便带了三千铁甲卫士随行。但强龙难压地头蛇，最终还是命丧王庭凑之手。因为田弘正是朝廷大张旗鼓派来的官员，王庭凑的行为就脱离了藩镇混战的性质，成了公开的犯上作乱了。

镇州大将王俭意欲杀死王庭凑为国除奸，不幸走漏消息，结果王俭和手下三千将士全被杀死。朝廷派新任命的深冀节度使牛元翼征讨王庭凑，却不想王庭凑合另一伙叛军勾结起来以迅雷不及掩耳之势包围了牛元翼所在的深州，牛元翼率领一部分士兵突围出城到长安报信，但他的部属和家属都被王庭凑杀害了。

消息传到都城长安，刚刚继位的穆宗皇帝和满朝文武被王庭凑这个杀人不眨眼的恶魔吓坏了，一时之间都没了主意，最后，穆宗只得答应王庭凑的要求，任命他为成德节度使。但是，谁敢去魔窟般的敌营传达圣旨呢？如果王庭凑对朝廷的封赏不满意，一声令下，天子使节可就真成了"天使"了，要知道，三十多年前，大书法家颜真卿就是在去叛军营地宣旨时被杀害的。

这时,"欲为圣明除弊事,肯将衰朽惜残年"的韩愈站了出来。

822年春二月,五十五岁的韩愈单人匹马,神色平静地进入了王庭凑叛军的大营。韩愈身边本来是有护卫随从的,但是,为了解除王庭凑的戒心,也为了保护下属的人身安全,韩愈毅然决然地选择了孤身入虎穴。

伴随着"圣旨下"一声声向里传送,当韩愈到达中军帐前时,帐外列队侍立的卫兵早已是刀出鞘,弓上弦,摆出了如临大敌,你死我活的战场拼杀时的阵势,想给韩愈一个下马威。但韩愈丝毫不为所动,从容镇定地下马,闲庭信步般走进大帐。

王庭凑没把朝廷派来的使节放在眼里,兀自坐在帅案之后一动不动。早已有了心理准备的韩愈见此情景,没有表现出一点的胆怯,而是抬高声音,义正词严地宣告:"王庭凑接旨!"结果呢,好像不可一世的王庭凑竟然被韩愈的气势所震慑,乖乖地起身向前迎接圣旨。

韩愈宣旨完毕并没有转身离开,而是留下来和王庭凑聊了聊,表示了朝廷对河北地区的关注和皇帝对他的安抚之意,王庭凑方才知道原来面前这位不卑不亢的大臣就是大文豪韩愈。王庭凑本来就对韩愈有些敬意,见识了韩愈的胆识气魄后更是钦佩不已,便向其请教兴衰治乱之道。韩愈借机引古论今,鼓励王庭凑为民造福,为国纾难,并以安禄山、史思明作为反面例子申明得失利害,晓以大义。王庭凑深表赞同,当场声明愿意归顺中央政府,听从朝廷诏令。

韩愈凭借自己的勇气和智慧结束了战争,维护了大唐,挽救了千千万万鲜活而无辜的生命。

镇州之行虽然生死攸关,充满惊险,但毕竟自己不辱使命,奏凯而还,回到长安的韩愈在深感欣慰之余作诗一首,诗名就叫《镇州初归》——

别来杨柳街头树,摆弄春风只欲飞。
还有小园桃李在,留花不发待郎归。

大诗人李益为什么"被变心"

除了唐诗,唐朝还给我们留下了一个重要的文化遗产,那就是唐传奇,大家熟悉的"西厢记""黄粱美梦""南柯一梦""柳毅传书"等故事都出自传奇作家的笔下。《霍小玉传》是唐传奇中的最优秀作品之一,讲述了一个至今读来仍令人荡气回肠、唏嘘不已的爱情悲剧。

新科进士李益在等待吏部任命时,经人引介与长安著名歌妓霍小玉一见钟情,两心相许,欢好之夜,李益在三尺细绢上写下铮铮誓言,"引谕山河,指诚日月",以示永不变心。相爱相守两年之后,李益将赴郑县就任,临行前许诺回洛阳禀明父母后就迎娶小玉为妻。然而,李益一去一年却没有一点消息,霍小玉相思成灾,缠绵病榻,日渐憔悴。

原来,李益回家省亲时,家中祖母已给他定下了出自名门望族的卢小姐,李益不敢违拗,只得狠心和小玉彻底断了往来。

一年后,李益再次来到京城长安,准备迎娶卢家小姐。已经重病在身的霍小玉从李益表弟处得知此事,多方请求李益在她生前见上一面,李益自知有愧,始终不肯。事情传开后,人们"共感玉之多情","皆怒生之薄行"。

豪侠仗义、嫉恶如仇的黄衫客听闻霍小玉的遭遇后,用计将李益诳至小玉居所,小玉声声泪,字字血,怒斥李益负心薄行,而后,"长恸号哭数声而绝"。

小玉死后,李益如愿娶得卢家小姐,却患上了妒忌多疑的毛病,总是怀疑妻子与人有染,甚至发展成了家庭暴力,以至于最后诉诸公堂,贻笑世人。后来,李益又娶了三次妻,但每次都和第一次一样下场。

《霍小玉传》的作者是唐朝中期的文学家蒋防,和大诗人白居易是同一个时代的人。有趣的是,当时的著名诗人中也有一个名叫李益的,不但姓名和《霍小玉传》中的男主人公相同,而且连籍贯、年代、仕途经历也和那个薄情负心的李益一模一样,都是祖籍陇西,都是大历年间进士,都曾经在郑县任过职。显而易见,这个雷同应该不属巧合,而是蒋防有意为之。那么,蒋防为什么要把著名诗人李益写入传奇并将其描绘成一个无情无义、始乱终弃的负心汉呢?

这要从李益的一个性格瑕疵说起。

据《旧唐书》记载,李益"少有痴病,而多猜忌,防闲妻妾,过为苛酷,而有散灰扃户之谈闻于时,故时谓妒痴为'李益疾'",也就是说,李益小时候就是个情痴,长大了则成了一个好猜疑、爱嫉妒的醋坛子,老怀疑他的妻妾情人和别的男子有染,以至于外出时在地上撒灰,将门户关锁,借以防范自己的女人出轨。李益的这些病态可笑的怪异行为传开之后,人们就在茶余饭后的街谈巷论中把男性的妒忌吃醋称为"李益疾"了。

李益的好妒心理在他的诗歌中也是有所体现的,比如这首脍炙人口的《江南曲》:"嫁得瞿塘贾,朝朝误妾期。早知潮有信,嫁与弄潮儿。"此诗中,李益将自己想象成一个独守空闺的少妇,日日盼夫夫不归,过尽千帆皆不是,于是就有了移情别恋、红杏出墙的微妙心理。站在女性的角度写完这首诗,李益很可能觉得自己"防闲妻妾"更有道理了,然后醋坛子的症状就进一步加重了。

蒋防之所以将李益写入《霍小玉传》,可能是因为他像后世的曹雪芹一样有一颗怜香惜玉的心,深为受到李益伤害的女性打抱不平。如果此论确实,那么,蒋防称得上是史上第一女权卫士,比写出"西施若解倾吴国,越国亡来又是谁"的罗隐足足早了将近半个世纪。

但是,蒋防也可能是抱着另一个目的来写《霍小玉传》的。

让我们先来看一看蒋防的人生经历,更确切地说,是他的仕途历程。

蒋防出生于人杰地灵的江南宜兴,从小才思敏捷,聪颖过人,十八岁就写出了名噪一时的《秋河赋》,可是却一直怀才不遇,仕途碰壁,直到在无锡幸运地邂逅了在朝中任职的著名诗人李绅,就是写下"谁知盘中餐,粒粒皆辛苦"的那位。

蒋防与李绅相遇是在一次宴席之上。李绅即席让蒋防以《韝上鹰》为题赋诗一首,蒋防思索片刻,援笔而成,诗中有"几欲高飞天上去,何人为解绿丝绦?"之语,委婉道出了他志向远大却报国无门的苦闷。李绅觉得蒋防是个不可多得的人才,就向朝廷推荐,有了贵人相助,蒋防很快就被任命为司封郎知制诰,不久升为翰林学士、中书舍人。

几年后,作为李党重要人物的李绅遭到政敌牛党的排斥被贬到外地为官。曾经得到李绅荐举的蒋防受到株连被贬为汀州刺史,此后他再也没能回到都城长安,直到四十四岁时在郁郁不得志中离开人世。

从蒋防的仕途经历来看,他和李党关系密切,而且李党领军人物之一李绅对他有知遇之恩,牛党则是导致他被贬蛮荒边地州郡的罪魁祸首。在这种情况下,蒋防借传奇小说《霍小玉传》中的李益讽刺牛党要人,一吐胸中块垒就是顺理成章、自然而然的事情了。那么,为什么蒋防选择了李益呢?一者李益是当时的大诗人,非常适合做传奇小说的主人公,所谓"人红是非多"是也;二者李益是陇西人,而牛党三巨头中的两个——李逢吉和李宗闵都是陇西人。

有朋友可能会问:"蒋防在大诗人头上动土,就不怕李益找他麻烦吗?"事实上,蒋防在写作《霍小玉传》时,李益已经驾鹤西游或者已是风烛残年了;再者,在一千多年前的唐朝,人们对于名誉权、隐私权远不如现在的人们这么重视。

透过唐诗看就业

近年,大学生的就业问题已经成了全社会最为关注的焦点之一,那么,在一千多年前的大唐王朝,知识分子是如何看待就业,又是怎样找工作的呢?我们不妨透过唐诗来一探究竟。

"初唐四杰"之一的杨炯在《从军行》中曾这样写道:"烽火照西京,心中自不平。牙璋辞凤阙,铁骑绕龙城。雪暗凋旗画,风多杂鼓声。宁为百夫长,不作一书生。"诗中表达了作者对军营生活的向往,从军报国的热情与抱负,洋溢字里行间,呼之欲出。但写诗归写诗,杨炯实际上并没有当过兵,他九岁时通过考试获得了"神童"的荣誉称号,上元三年(676年)二十六岁时科举及第,当上了校书郎,在国家图书馆工作,这应该是一份不少大学生都非常羡慕的工作吧!

稍晚于杨炯的陈子昂登上幽州黄金台时发出了深沉的浩叹:"前不见古人,后不见来者,念天地之悠悠,独怆然而涕下。"怀才不遇、知音难觅之情令人感同身受。其实,早在他初到长安时就曾经有这种体会,为了吸引人的眼球,从而实现在政府部门就业的愿望,他于闹市之上买下了一架古琴,并邀请大家翌日到一著名酒楼听琴。第二天,陈子昂当众宣布自己的诗文比古琴更有价值,随即摔琴于地,将诗文分送给现场人士,于是,陈子昂一夜之间名满京华,不久就顺利通过科举考试当上了公务员。

唐代诗人中像杨炯、陈子昂一样凭借科举走上仕途的不在少数,如王维、韩愈、白居易、柳宗元、刘禹锡、杜牧等。他们的金榜题名固然是靠了自己的真才实学,但VIP(重要人物)们的推荐也功不可没,玉真公主(唐玄宗的妹妹)是王维的伯乐,作为前辈的诗人顾况则推荐过白居易。李白与杜甫虽然都是大诗人,但却都不是科举考试的宠儿。李白是个传统教育的叛逆者,他不参加科考,而想凭借诗名进入中央政府。经过达官贵人的推荐,他终于实现了梦想,成了唐玄宗身边的一个近臣,可当他发现自己只是个供皇帝消遣娱乐的高级小丑时,就"仰天大笑出门去""明朝散发弄扁舟"了。杜甫参加科考时,正值奸相李林甫掌权。为了维持既得利益,打击新进人才,李林甫做得很绝,一连几届一个也不录取,并且骗唐玄宗说天下的人才都已被吸收到政府机构中来了。杜甫郁闷得不行,只得再想别的出路。为了就业,他接连给皇上献上了三大礼赋,最终感动了唐玄宗,赏给杜甫一个九品芝麻官。

唐代诗人中还有一类人根本不需要就业,因为他们从小就进入寺院出家为僧了,如初唐的寒山、盛唐的王梵志、中唐的皎然和无本、晚唐的齐己和贯休等。无本就是后来的贾岛,他在长安道上骑驴推敲"鸟宿池边树,僧敲月下门"时,碰巧撞上了大作家兼大官员的韩愈的车驾，二人不撞不相识，成了莫逆之交。韩愈帮助贾岛还俗，但就业却成了难题，因为屡试不第，贾岛只得靠给人写写字（他的书法不错）、当当家教谋生。不幸中的万幸是，到了六十岁时他终于当上了九品的主簿，好在唐朝没有严格的退休制度，否则贾岛倒霉到家了！

中唐著名诗人元稹的初恋就发生在一个寺院里，那是山西蒲州的普救寺，初恋女友就是《西厢记》中莺莺的原型。但元大帅哥是个始乱终弃的人，为了功名利禄，他抛弃了"莺莺"，娶了首都一把手韦夏卿的女儿韦蕙从，依靠自己的才学和裙带关系进入了中央政府。

比杨炯晚了一百多年的"诗鬼"李贺也曾经发出过和前人相似的感慨："男儿何不带吴钩，收取关山五十州？请君暂上凌烟阁，若个书生万户侯？"身体羸弱的李贺当然也没有实现投笔从戎、收复失地的远大抱负，而且他的就业之路远比杨炯坎坷得多。李贺是唐宗室郑王李亮后裔，虽家道没落，但他志向远大，勤奋苦学。可是，他进京赴试时却未能顺利进入考场，因为他的竞争者毁谤他，说他父亲名晋肃，他当避父讳，不得举进士。李贺遭谗落第，愁苦郁闷，后来虽然做了奉礼郎（也是个九品官），可惜二十七岁就英年早逝。

晚唐诗人罗隐年少时就已诗名远扬，而且常以诗文讽刺现实为民请命，并自编其文为《谗书》，因此声名更著。但"成也萧何，败也萧何"，罗隐也因为《谗书》而深受当权者痛恨憎恶，以至于考了十回进士都是"解名尽处是孙山，罗隐更在孙山外"。所以他的朋友赠诗说:"《谗书》虽胜一名休。"后来,天下大乱,罗隐的老乡、靠农民起义起家的钱镠自立为吴越王,罗隐才得以在政府部门就业,做了钱塘令。著名诗人们都是先学习后就业,但唐代诗人中还有一个先就业后学习的典型,他就是孩子们非常熟悉的《小儿垂钓》那首诗的作者胡令能。胡令能外号"胡钉铰",是莆田(位于现在的福建省)城里一个以修理铁器木器为生的手工业者,却因为对诗歌的热爱和一点点天赋而为人所知,青史留名,如此人生,不亦乐乎!

不朽的邂逅

大唐贞元十二年（796年），阳春三月里的京城长安，春闱放榜之后，正是几家欢乐几家愁的时候——榜上有名者"春风得意马蹄疾，一日看尽长安花"；名落孙山者则长歌当哭，借酒浇愁，"暂且不还乡，还乡更断肠"。

来自河北博陵的帅哥崔护有幸凭借自己的才华蟾宫折桂，进士及第。

在人们的印象中，崔护是个高傲的人，一者他出身名门望族，血统高贵。二者他"资质甚美"，又高又帅；三者他"孤洁寡合"，喜欢独来独往。

但事实并非如此，崔护的确有傲的一面，那是他的傲骨，可是傲骨并没有让他生出傲气，相反，他骨子里是个温文尔雅、温润如玉的男子。

金榜题名后，崔护并没有像别的举子一样呼朋引伴，歌楼买醉，而是独自到城南山野游春踏青，感受大自然的无限生机和无穷魅力。

山重水复、柳暗花明之处，忽然出现了一个世外桃源般的竹篱院落,"花木丛草,寂若无人",宛如刚刚从天上降临人间一样。

崔护此时恰好有些渴意,便上前敲门求水。柴门开时,一个粉面桃腮、清水芙蓉般的"仙女"款款而出,翩翩而至,崔护一见之下,不觉如痴如醉,那女子见崔护器宇轩昂,如临风玉树,亦惊讶不已,不知所措,二人竟都一时间看呆了。

忽然,吹面不寒的杨柳风拂动了两个年轻人的青青鬓丝,他们如梦初醒,赧然而笑。崔护这才想起自己叩门相扰的本意,连忙深施一礼,求水解渴,"仙女"像不胜凉风娇羞的水莲花一样温柔地低头,轻轻地回一声"稍待",随之袅袅婷婷,凌波微步一般走回小屋取水,进屋前她情不自禁地回眸笑了一下,这一笑让崔护那颗年轻的心又一次似傻如狂。

"仙女"用绘着青色缠枝莲的白瓷碗捧来了山泉水,那泉水滋味果然非同一般,清冽甘甜,暗香浮动,崔护慢品细酌,用心感受,一来怕唐突了这玉液琼汁;二来恐痛饮有失斯文;三来则是想与"仙女"多待上一会儿。"仙女"斜倚在院中柴门边那株正在灿然怒放的桃树上,静静地看着崔护,眉目间有盈盈笑意,好像在挽留崔护暂时停下游春踏青的脚步。

此时此刻,崔护多么渴望老天会降下沾衣欲湿的桃花雨呀,那样,他就可以与"仙女"一同去小屋内暂避,听窗外点点滴滴,感心内幸福满溢了。

然而,天公并没有如人所愿,依旧晴空万里,无意甘霖,崔护不得不拱手相辞,孤独离去。

崔护转过山路再回头时,那竹篱院落已不见了,他着急地回走几步再看,不由得长长舒一口气——它还在那儿,虽然已经有些模糊。崔护情难自抑地向远方轻轻挥手,恍惚间他好像看见一片粉红中有一个洁白的窈窕身影在回应他的一往情深。

此后的一段日子,崔护为那"仙女"日思夜想,废寝忘食,不时情不自禁地吟咏起"关关雎鸠,在河之洲,窈窕淑女,君子好逑"。然而,理智告诉他"仙女"其实只是一个山野女孩,美则美矣,却并非他的"好逑",况且他与她互不相识,陌路相逢,即使他摒弃门户之见前去求婚,也肯定是竹篮汲水一场空。

随着时光的流逝,崔护对那女子的感觉渐渐淡了下来,他把那份美好深深藏在了心底。

转眼又是一年花红柳绿,燕舞莺啼,崔护的思春心钟情意在严冬之后如荒原的野草一样"春风吹又生"了,而且很快"远芳侵古道,晴翠接荒城",绿得一发不可收了。

他要故地重游,他要重温馨梦。

然而,当崔护再次来到曾经魂牵梦萦、忧思难忘的竹篱院落时,却是柴门紧闭,佳人无踪,唯桃花无情,犹发去年红。崔护一时悲从中来,情难自抑,他从邻家借来笔墨,在左边门上将满怀幽情一挥而就,写下了那首穿越千年流传至今的《题都城南庄》:"去年今日此门中,人面桃花相映红。人面不知何处去,桃花依旧笑春风。"

那么后来怎样了呢?

据《本事诗》载:后数日,(崔护)偶至都城南,复往寻之。

闻其中有哭声，叩门问之。有老父出曰："君非崔护耶？"曰："是也。"又哭曰："君杀吾女！"崔惊怛，莫知所答。父曰："吾女笄年知书，未适人。自去年以来，常恍惚若有所失。比日与之出，及归，见在左扉有字。读之，入门而病，遂绝食数日而死。吾老矣，惟此一女，所以不嫁者，将求君子，以托吾身。今不幸而殒，得非君杀之耶？"又持崔大哭。崔亦感恸，请入哭之，尚俨然在床。崔举其首枕其股，哭而祝曰："某在斯！"须臾开目。半日复活，老父大喜，遂以女归之。

　　但是，这"有情人终成眷属"的大团圆结局大抵只是后人一厢情愿的美好祝福，在真实的世界上，更可能发生的是崔护和那个面如桃花的女子遗憾地错过了，无情地错过了，永远地错过了……

　　崔护后来官拜岭南节度使，做了封疆大吏，但无数和他一样的节度使早已经被淹没在浩瀚的时光海洋中，他之所以能青史留名，不是因为节度使这个省部级的显职高位，而是因为那首优美的人面桃花诗，因为那次不朽的邂逅。

大唐第一刺杀血案

唐代大诗人白居易的代表作《琵琶行》是在他被贬江州（今江西九江）时写成的，而他这次被贬和当时发生的一宗惊天血案有着直接联系。

那么，导致白居易被贬的惊天血案究竟是怎么一回事呢？被害者是谁呢？行凶者是谁呢？诗人白居易和他们有什么特殊关系呢？

805年，唐宪宗李纯即位登基。他是唐朝中后期一位颇有作为的皇帝，从登上皇位那天起，就立志要结束安史之乱后长期存在的藩镇割据局面，恢复大唐帝国当年的辉煌与荣耀。

当时，面对一些藩镇的节度使不把皇帝放在眼里，不服从朝廷诏令的政治态势，京城长安金銮殿上的文武群臣分成了意见相左的主战派和主和派两派。后者主张实行怀柔政策，暂且维持现状，以免激化中央和藩镇节度使之间的矛盾；前者则要求皇帝对肆意妄为的节度使采取强硬措施，谁不听中央招呼，就集中兵力把谁灭掉，杀鸡骇猴，以儆效尤。

在宰相武元衡、御史中丞裴度等主战派大臣的拥护支持下，唐宪宗先后平定了西川、夏绥、镇海等地节度使挑起的叛乱，大大地长了朝廷的志气，灭了藩镇的威风。

唐宪宗取得的一个个胜利对那些想跟京城的皇帝分庭抗礼的节度使产生了强大的震撼力。他们既惧怕朝廷大军前来围剿，又不甘心将既得利益还给皇帝，只好一面假装对中央政府俯首听命，一面暗中养精蓄锐，企图顽抗到底。

814年，淮西节度使吴少阳死了，他的儿子吴元济想在老子死后继续控制淮西，不但秘不发丧，还以死人吴少阳的口气上表，说自己病了，请皇帝允许儿子吴元济继任淮西节度使。志在一统天下、中兴大唐的唐宪宗当然不会同意，吴元济一看皇帝不给面子，就来横的，先烧了离他地盘近的舞阳、叶县，接着又攻掠鲁山、襄城、阳翟（今河南禹州）等地，害得当地百姓妻离子散、家破人亡。

唐宪宗得到吴元济叛乱的消息，勃然大怒，任命宰相武元衡全权负责平叛事宜，筹集粮草，调动军队，准备发兵讨伐淮西叛匪。

吴元济跟朝廷翻了脸，白脸是唱定了，他暗中的盟友成德节度使王承宗和淄青节度使李师道则上台唱起了红脸，戴上忠君爱国的假面请求皇帝赦免吴元济，让他接他老爹的班，以便化干戈为玉帛，结束战乱局面。唐宪宗战意已决，不为所动，王承宗见皇帝不好惹，就下台休息了，李师道也下台了，但他却没有闲着。

李师道是个极为狠毒的家伙，他知道"兵马未动粮草先行"的道理，就派人装扮成盗贼从山东淄博千里迢迢窜到河南荥阳（当时叫河阴），在朝廷最大的粮仓里放了一把火，给还没出发的中央军造成了巨大的后顾之忧。

唐宪宗坚定如山，并没有因此而退缩，李师道不由得毛了手脚，这时，他旁边的狗头军师们出了一个更狠毒的主意："皇帝像王八吃秤砣一样铁了心地要攻打蔡州讨伐吴元济，无非是因为有武元衡和裴度为首的强硬派给他出谋划策，如果咱们派武林高手到长安把这两个人秘密干掉，那些嚷嚷着要打仗的大臣们就会吓得屁滚尿流，不敢吱声了，没有了他们的支持，皇帝就老实了，这仗就打不起来了，咱们也就不用担心了。"

六月的一天，武元衡骑着马在几个仆人的陪伴下乘着黎明的熹微去上早朝。刚出他居住的靖安坊东门，突然一支暗箭从背后射中了他的身体，仆人们哪见过这阵势，吓得四散奔逃，恶毒的刺客赶上受伤的武元衡，杀害了这位忠君爱国的宰相，并且残忍地砍下他的头颅去向主子邀功请赏，武元衡殷红的鲜血照亮了长安城黎明的天空……

几乎在同一个时间，从通化坊去上朝的裴度也遭遇了李师道派来的刺客，"伤其首，坠沟中"，忠仆王义从后面抱住贼人大呼抓刺客，不幸被砍断了左臂。刺客见有人听到叫声向行刺现场奔来，不敢继续行凶，落荒而逃，命大的裴度在王义的拼命保护下因所戴"毡帽厚，得不死"。

当朝宰相武元衡被刺身死的惊天血案轰动了京城内外、朝野上下，唐宪宗对失去这样一位忠心耿耿的国之重臣感到极为痛心，但他并没有被不法藩镇的嚣张气焰所吓倒，而是更加坚定了要扫平叛乱、削除割据的决心。裴度也没有屈服于淋漓的鲜血，伤愈后他以更大的勇气投入到平定淮西叛乱,结束藩镇割据的伟大事业上,这才有了名震青史的"李愬雪夜入蔡州",这才有了河北三镇献土请降,归顺中央,这才有了彪炳史册的唐宪宗时代的"元和中兴"。

淮西叛乱被朝廷平定,吴元济在长安被枭首示众后,杀害武元衡的幕后黑手李师道出于惧怕上表表示听命朝廷,并愿献沂、密、海三州,但不久又反悔了。唐宪宗大怒,下令诸镇大军围攻李师道,在大军压境的形势下,李师道被手下将领刘悟杀死。

李师道被杀之前,唐宪宗和裴度等大臣们一直不知道他是杀害宰相武元衡的真凶,他们的怀疑对象是当时和李师道一起上表请求赦免吴元济的成德节度使王承宗。唐宪宗认为如果兴师动众,大张旗鼓地追查杀害武元衡的凶手,势必会打草惊蛇,导致王承宗和吴元济联手对抗朝廷,于是就将计就计,假装糊涂地把这笔账算在了吴元济的头上,但是并没有公开宣布。

武元衡被害时,白居易正在中央政府担任谏官,一身正气,满腔热血的大诗人见忠君爱国的武元衡死得那般惨烈,而朝廷对于真凶是谁却缄口不言,就直接上书唐宪宗要求彻查幕后凶手,以慰忠臣在天之灵。

唐宪宗本来就对白居易在国家面临分裂危机时写新乐府诗批判朝廷的"小"弊端(如宫市、重赋等)颇有意见,认为白居易有些不识时务甚至是不知好歹(当初正是唐宪宗提拔了白居易),看到他那个可能引起乱子的奏章就更生气了,大笔一挥,以"越职言事"之罪把白居易贬到浔阳江边的江州去了,这才有了流传至今的千古绝唱《琵琶行》。

笑看人生刘禹锡

在描写秋天的诗词中,有一首诗特别与众不同,一改萧瑟凄清、寂寥孤独之"悲秋"基调,这首诗就是唐代杰出诗人刘禹锡的《秋辞》:"自古逢秋悲寂寥,我言秋日胜春朝。晴空一鹤排云上,便引诗情到碧霄。"

刘禹锡写出如此洒脱豪放,乐观向上的《秋辞》并非偶然,因为他一辈子都在笑看人生。

805年之前,刘禹锡的人生道路可以说是"春风得意马蹄疾,一日看尽长安花"。他出生在山明水秀、物华天宝的江南,在书香门第的温厚儒风中长大成人,年纪轻轻就高中进士,登博学鸿词科,任监察御史。唐顺宗即位后,他与柳宗元一起参加了"二王"(王叔文和王伾)为首的"永贞革新"集团,打算为民请命,为国纾难,罢黜专权宦官,消除藩镇割据,好好干一番革命事业。

不幸的是,由于以太子(就是后来即位的唐宪宗)为首的保守派坚决反对变法革新,"二王刘柳"的改革大业很快以失败告终,唐顺宗也被逼退位当起了无奈的太上皇,革新集团的主要成员都被贬到边远州郡去当有职无权的司马（相当于挂职副市长）。

刘禹锡被贬为朗州司马，但他没有自甘沉沦，而是以积极乐观的精神进行创作，积极向民歌学习，创作了《杨柳枝》等仿民歌体诗歌。十年之后，刘禹锡回到长安，等待朝廷新的任命。在此期间，他同友人去游玄都观，写下了《戏赠看花诸君子》一诗："紫陌红尘拂面来，无人不道看花回。玄都观里桃千树，尽是刘郎去后栽。"此诗一出，触怒了当朝权贵，结果刘禹锡被贬得更远，去了当时属于瘴疠之地的岭南连州当刺史（相当于市长）。

后来，刘禹锡离开岭南西上，先后担任夔州刺史、和州刺史。在夔州，他虽然身处"巴山蜀水凄凉地"，却丝毫不为之所动，继续充满激情地推进他的诗歌创新事业，写出了一首首朴实无华优美动听的《竹枝词》，如我们熟知的"东边日出西边雨，道是无晴却有晴"就诞生在这一时期。

838年，在大唐的西南边陲工作了三十余年的刘禹锡终于回到了都城长安，他怀着一种特别的心情又去了玄都观，看一看当年为自己惹祸的千树桃花是否还依旧灼灼夭夭。于是，一首更为酣畅淋漓的《再游玄都观》在唐诗的森林中响起："百亩庭中半是苔，桃花净尽菜花开。种桃道士归何处，前度刘郎今又来。"一位年过花甲的老人依然自称"刘郎"，刘禹锡的心态有多么年轻于此可见一斑。

晚年的刘禹锡总算苦尽甘来了，先是被皇帝拜为太子宾客（就是太子的老师），后来又担任了礼部尚书（相当于文化部长）。这时，好友柳宗元已经忧郁而逝，他与另一位大诗人白居易（与刘禹锡同庚）成了互相唱和的诗友。白居易非常欣赏刘禹锡不服老的精气神，尊称他为"诗豪"。在二人的诗文往来中，刘禹锡唱出了"沉舟侧畔千帆过，病树前头万木春""莫道桑榆晚，为霞尚满天"的千古绝调，为老年人，特别是现在的老年人，树立了光辉的榜样。

刘禹锡在他的传世经典散文《陋室铭》中曾经这样写道："山不在高，有仙则名；水不在深，有龙则灵。斯是陋室，惟吾德馨。苔痕上阶绿，草色入帘青。谈笑有鸿儒，往来无白丁。可以调素琴，阅金经；无丝竹之乱耳，无案牍之劳形。南阳诸葛庐，西蜀子云亭，孔子云：何陋之有？"一个无忧隐者的形象跃然纸上，令人无限羡慕，心生向往。

快乐地生活在如此陋室之中的人想不笑看人生都难，你说呢？

柳宗元那些不为人知的关系

唐宋八大家之一的大文豪柳宗元曾经写过一篇《大理评事杨君文集后序》,高度评价了杨凌的散文写作艺术,赞美其文"讽诵于文人,盈满于江湖,达于京师",赞美其人"学富识远,才涌未已","雄杰老成之风,与时增加"。

比柳宗元稍早的中唐大诗人韦应物的代表作中有一首《送杨氏女》,"女子今有行,大江溯轻舟"的离别之景,"别离在今晨,见尔当何秋"的离别之怅,"居闲始自遣,临感忽难收"的离别之悲,动人心旌,感人至深。

殊不知,这两个看似风马牛不相及的文学作品竟然有着无比密切、密不可分的特殊联系。

杨凌何许人也?他是柳宗元的岳父杨凭的亲弟弟。据《新唐书》记载,杨凭"与弟凝、凌皆有名,大历中,踵擢进士第,时号'三杨'",杨凌的妻子不是别人,正是《送杨氏女》里的"杨氏女",即韦应物的长女,因为嫁给了杨家,故被父亲称为"杨氏女"。

杨凌与妻子举案齐眉,琴瑟和谐,是一对人人羡慕的模范夫妻。

更值得称道的是，杨凌和岳父韦应物相处得也非常和谐融洽，二人不时互寄诗词，相与唱和，与其说是翁婿，不如说是朋友，韦应物诗集中的《郡中对雨赠元锡兼简杨凌》《送元锡杨凌》和杨凌笔下的《奉酬韦滁州寄示》都是明证。

杨凌的儿子，也就是柳宗元的叔伯小舅子，亦是一个了不起的人物，他和张继、崔护一样凭借一首诗青史留名，流芳百世，而且还为后世创造了一个至今仍在频繁使用的文学典故，他的名字叫杨敬之。

杨敬之在担任国子祭酒（相当于现在的北大、清华校长）时，有一个名为项斯的书生几次前来投诗拜谒，杨敬之非常欣赏项斯的诗作，就找了个日子接见了这个年轻人。一番交谈之后，杨敬之对项斯更为喜欢看重了，当场挥毫泼墨，写下了《赠项斯》一诗："几度见诗诗总好，及观标格过于诗。平生不解藏人善，到处逢人说项斯。"于是，就有了"说项"这个为人熟知的典故。

柳宗元的柳姓，韦应物的韦姓，杨敬之的杨姓在唐朝时期都是名家大姓，高门望族，他们之间的联姻恰是当时士族阶层在为子择妇为女选婿上重视门第出身，不愿和寒门庶族混为一体的充分体现。后来，随着高门士族的彻底衰落和庶族地主的最终崛起，这种风气日渐式微，等到韦应物的玄孙——大词人韦庄在世的时候，早已经是"旧时王谢堂前燕，飞入寻常百姓家"的另一番景象了。

晚唐五代

唐代诗人中的帅哥丑男

人们对帅哥的喜欢古已有之，而且在某些特殊时期比当今有过之而无不及，比如魏晋，或如明末，在此笔者愿意另辟蹊径和各位说一说大家非常熟悉的唐代诗人中的帅哥。

盛唐诗人中，就名气而言，自然是李白第一，杜甫第二，王维第三，但若就现在流行的颜值而论，排在第一位的毫无疑问应该是王维。王维有多么帅呢？"妙年洁白，风姿郁美"，这当然说的是年轻时候的王维，更确切地说，是唐玄宗胞妹玉真公主眼中的青年王维。王维为什么要见玉真公主呢？因为他在721年第二次参加科举考试时，录取大权就掌握在玉真公主的纤纤玉手之中。已经落过一次榜的王维吸取了上一年的教训，在考试之前就凭借自己的音乐才能拜谒了爱乐如命的岐王李范，就是"岐王宅里寻常见，崔九堂前几度闻"中的那位岐王。爱美之心人皆有之，岐王也不例外，何况王维还弹得一手好琵琶呢？在岐王的推荐下，玉真公主对"妙年洁白，风姿郁美"的王维与他的琴艺诗文一见倾心，当即决定"京兆得此生为解头，荣哉！"于是，王维就蟾宫折桂、榜上有名了。

和王维相比，帅哥元稹凭借外貌与才能得到的收获更大。元稹在803年通过科举踏上仕途，当时他和白居易同在秘书省任校书郎，同朝为官的太子宾客（品级相当于现在的北京市长）韦夏卿对元稹的俊朗外貌和出色才情非常欣赏，就主动提出把自己的掌上明珠韦丛嫁给元稹为妻，元稹一下子得到了人生四大喜中的两个，当时他的心情真正是"春风得意马蹄疾，一日看尽长安花"！遗憾的是，韦丛是个薄命红颜，在和元稹相知相守六年后不幸病逝了。这两千多个日子令元稹刻骨铭心，终生怀想，"曾经沧海难为水，除却巫山不是云"就是对与韦丛恩爱生活的美好回忆。

与元稹一样，大诗人李商隐在初出道时也因为"少俊"而邂逅了他人生中的第一个贵人——天平军节度使令狐楚。令狐楚对李商隐的喜爱比之韦夏卿对元稹的喜欢肯定有过之而无不及，可惜的是他没有女儿可以嫁给李商隐，于是令狐楚就将李商隐视为己出，让他与令狐家的子弟共学同游，还把自己最擅长的骈文写作传授给他。20世纪80年代有一部以李商隐为主人公的电视连续剧《别亦难》，编剧在这部戏中为令狐楚虚构了一个名为令狐菡玉的女儿，并让她深深爱上了李商隐，看来这位编剧还是非常能领受令狐楚当年的抱憾之感。然而，成也萧何败也萧何，李商隐的年少英俊后来又得到了泾源节度使王茂元的青睐，因而幸运地成了王家的乘龙快婿，却也从那刻起无意识地被卷入了牛李党争的政治旋涡之中，以至于"虚负凌云万丈才，一生襟抱未曾开"。

与李商隐在晚唐诗坛双峰并峙的大诗人杜牧也是个"美姿容"

的男子,而且"好歌舞,风情颇张,不能自遏",换句话说,杜牧不仅人长得美,而且爱美成癖。杜牧对于美的品位非常之高,一般的庸脂俗粉入不了他的法眼。他在湖州游玩时,湖州刺史应他的请求特意安排了一场龙舟赛,以便让他在人山人海的观众中寻找自己的意中人。杜牧众里寻"她"千百度后,终于找到了一个清纯脱俗的女孩儿,并且约定十年后到湖州成亲。然而,天不遂人愿,等杜牧摆脱繁忙的政务重返湖州时,还是比十年晚了一段时间,那个女孩已经嫁为人妇了,遗憾至极的杜牧提笔写下了这首《叹花》——自是寻花去较迟,往年曾见未开时。狂风吹尽深红色,绿树成荫子满枝。

晚唐诗坛的第三位大腕温庭筠有一个非常优美动听的名字,实际上却是个其貌特别不扬的丑男,以至于当时有人调侃他的画像挂在门上可以避邪。温庭筠本来也是个"富N代",他的先祖温彦博曾经做过宰相的高位,但是到他这一代已经窘迫潦倒得不成样子了,有时甚至吃了上顿没下顿,不得不上街乞食。温庭筠虽然没拥有几天好日子,脑瓜儿却发育得倍儿好,而且有很多足以令人刮目相看的特长。据说他有弦就能弹,有孔就能吹,还能够在拱八次手的时间里写出一首八句律诗,因此人送外号"温八叉"。温庭筠的诗固然写得很好,但他的词更为人称道,并被尊为花间词派的开山鼻祖,近几年热播的《甄嬛传》主题歌用的就是其代表作之一《菩萨蛮》。

无独有偶,晚唐著名诗人中还有一个可以和温庭筠做伴的丑男,就是鲁迅非常重视的小品文《谗书》的作者罗隐。罗隐有多丑呢?

有一个历史故事可以说明这个问题。当时的宰相郑畋(就是写出"终是圣明天子事,景阳宫井又何人"的那位诗人)有一个才貌双全的女儿,特别钟爱罗隐的诗作,一直以不能见其一面为憾事,后来终于在罗隐造访郑府时得以一窥真容,但一见之下大失所望,从此再也不读罗隐的诗了。罗隐是个光明磊落、心理健康的人,他并没有因此而恨上天下所有的漂亮女人,相反却心心念念地写诗为古今美女翻案,最为大家熟知的就是那首《西施》:"家国兴亡自有时,吴人何苦怨西施。西施若解倾吴国,越国亡来又是谁。"

虽然王维、元稹、李商隐和温庭筠、罗隐在外貌上有着天壤之别,前者玉树临风,后者歪瓜裂枣,但他们都凭着自己的才气青史留名。由此可见,对于一个人的成功而言,容貌固然能起一定的作用,但更重要的、起决定性作用的还是才能。

唐朝陈世美：公主根本不是我的菜

在中国文化里，陈世美是负心汉的代名词，但其实一般的负心汉达不到陈世美的那个档次。其一，他是全国公务员考试的第一名，也就是俗称的状元；其二，他出轨的对象是赵宋皇室的公主。

虽然陈世美欺君罔上，停妻再娶，抛弃父母，杀妻灭子的罪行恶名昭彰，人神共愤，各位可一定不要为了这个伪君子、负心汉动真气，因为陈世美是一个虚构的艺术形象，历史上并没有这样一个死在包公龙头铡下的大宋朝的驸马爷。

再进一步说，整个宋朝都没有娶了公主，或者说被公主娶了的状元郎，但是，往前一点的唐朝有，而且从表面上看这个状元郎还真是个陈世美。

此人名叫郑颢，乃是唐武宗会昌二年的状元郎。

和陈世美一中状元就被皇家选为女婿不同，郑颢的"金榜题名时"和"洞房花烛夜"之间是有着一个相当大的时间差。郑颢登科及第是在842年，被选为皇家驸马则是在849年，那时唐武宗已经晏驾，在位的是他的叔叔宣宗皇帝。

唐宣宗有个女儿叫万寿公主，因为是他和原配晁皇后的嫡女，所以深受宠爱。唐宣宗大中三年（849年），万寿公主到了婚配的年龄，宣宗皇帝特意下旨为爱女选婿，让文武百官推荐合适人选。宰相白敏中早就为皇帝物色好了一个乘龙快婿，就是时任翰林学士的郑颢。

顺便说一个非常有趣的事。

唐宣宗不仅是个明君，还是个好诗人，名句"溪涧岂能留得住，终归大海化波涛"就是他的大手笔之一。宣宗最钦佩和他同时的大诗人白居易，所以一登上皇位就下诏任命白居易为宰相，可惜白大诗人没有这个运气，在此之前不久刚刚去世。宣宗得知噩耗后，悲痛不已，挥笔写下了《吊白居易》这首诗：

> 缀玉联珠六十年，谁教冥路作诗仙。
> 浮云不系名居易，造化无为字乐天。
> 童子解吟长恨曲，胡儿能唱琵琶篇。
> 文章已满行人耳，一度思卿一怆然。

既然白居易已经驾鹤西游，唐宣宗只好退而求其次，让白居易的堂弟，颇有政治才能的白敏中做了宰相，这才有了白敏中荐举郑颢当驸马的事情。

俗话说"落花有意，流水无情"。皇帝、公主、宰相在郑颢的婚事上竟然都成了有些可怜兮兮的落花，而郑颢则是那看似冷面无情的流水，即使有了皇帝的青睐，公主的深情，宰相的美意，也依然像一江春水一样浩浩荡荡向东流去，因为他已经心有所属。

郑颢的心上人是与他青梅竹马、一往情深的卢家小姐，为了逃脱宣宗皇帝和宰相白敏中替他定下的皇家婚事，他悄悄离开长安，前往两千里外的楚州（今江苏淮安）去迎娶他魂牵梦萦的卢妹妹。遗憾的是，当他风尘仆仆地到达郑州时，接到了白宰相发来命他即刻回京的紧急公文（当时叫堂帖），不得不一步一回头地踏上归途……

郑颢既然被迫回到天子脚下，那就更逃脱不掉皇家婚姻的"魔爪"了，面对白敏中宰相的谆谆劝导，面对大唐天子的迫切期待，郑颢只得以沉默的态度屈服于唐宣宗的美意。

那么，为什么唐宣宗如此中意于郑颢呢？

一个原因是小伙子玉树临风，器宇轩昂，本身的硬件条件没得挑，另一个重要原因则是郑颢的出身不同一般。在唐一代，第一等的高门士族有"五姓七家"之说，即：博陵崔氏、赵郡李氏、清河崔氏、范阳卢氏、荥阳郑氏、陇西李氏、太原王氏，而且其中的崔、卢、郑三姓地位又高于李、王二姓，所以，在当时上层社会的联姻婚嫁中，崔、卢、郑三家的小姐和公子是最受欢迎的。《西厢记》中的崔夫人之所以反对崔莺莺和张生的婚事，其中一个重要原因就是她想让宝贝女儿与荥阳郑氏联姻。

而郑颢正是来自荥阳郑氏的才貌双全的翩翩佳公子。

皇家大婚的日子，春风得意的万寿公主满眼中都是高富帅驸马郑颢的身影，而郑颢则面无表情，目不斜视，好像身边的一切都与自己无关。

万寿公主虽然得到了郑颢的人，却从来没有得到他的心，因为他的心房里一直住着与他两小无猜、美丽又温柔的卢小姐。如果郑驸马生活在现在这个社会，并且有充分的话语权，他肯定会说：公主根本不是我的菜。

郑颢对当初被迫接受皇室婚姻始终耿耿于怀，但他不能也不敢对已经成了一家人的公主和皇帝发难，只得把报复的矛头刺向了作为媒人的宰相白敏中。

实际上，郑颢的人品是非常不错的，不仅处事公允，而且礼贤下士，但他对白敏中却有着"必欲除之而后快"的愤怒，由此可见被逼成为驸马之事对他的伤害有多深有多重。

据《新唐书》记载，郑颢几次在唐宣宗面前告白敏中的状，以排解内心的委屈和愤懑。唐宣宗自知理亏，只好揣着明白装糊涂，一面安慰敷衍郑颢，一面暗中保护白敏中。大中五年（851年），党项部落骚扰边境，白敏中奉命出镇邠宁地区（今陕甘宁交界处），离京前他特意对唐宣宗说了这样一段话："郑颢当年不想娶公主为妻，因此一直怨恨于臣。臣在朝中，他无能为力；臣若出镇，他定会中伤于我。"宣宗皇帝神秘地笑了笑，命人取出一个柽木盒子，他将其打开交给白敏中道："这里面都是郑颢参劾你的奏折，我若是相信，你怎会有今日？"

行文至此，笔者忽然突发一个奇想：如果郑颢生活在包龙图三口铡协理阴阳伸张正义的世界，他会不会像秦香莲一样去开封府击鼓告状，向至高无上的皇室发起挑战呢？

杜牧：我也是党争的受害者

晚唐大诗人李商隐一生都生活在牛李党争的夹缝中，以至于"虚负凌云万丈才，一生襟抱未曾开"，四十多岁就郁悒而终了。殊不知，与李商隐并称为"小李杜"的大诗人杜牧其实也是牛李党争的受害者，虽然杜牧在感情上受到的伤害可能没有李商隐那么深那么重，但他因为党争而遭受的损失应该远远超过李商隐。

和出身普通公务员家庭的李商隐不同，杜牧生于"钟鸣鼎食之家，诗书簪缨之族"，是个像贾宝玉一样，含着银汤匙长大的高富帅。杜牧的爷爷杜佑在宰相的高位上退休，并且著有历史巨著《通典》，杜牧的父亲杜从郁则官至驾部员外郎，和贾宝玉的父亲贾政的官位大体相当。

在步入仕途这个事儿上，世家子弟出身的杜牧并没有像贾政那样依靠祖上的荫庇，而是和贾宝玉一样凭借自己的真才实学获得了进士及第，当时他二十五岁，称得上是少年得志，风光无限。但此后他的从政之路很不顺畅，尽管胸怀报国之志，腹藏治国之能，却始终没有得到重用，直到七年之后邂逅了牛党领袖之一牛僧孺。

早在金榜题名之前，二十二岁的杜牧已经因为一篇《阿房宫赋》而名动天下，作为资深文人的牛僧孺对他肯定是久仰大名，钦慕不已。所以，他到扬州任淮南节度使时，就邀请杜牧做他的掌书记，用现在的话说，就是省政府办公室主任。杜牧彼时三十岁左右，才华横溢而且"美容姿"，不但深受女孩子欢迎，就连身为长者的牛僧孺也对他关爱有加，经常派人乔装打扮跟着"独自去偷欢"的杜牧，以便保证风流才子的人身安全。

对于当时的牛李党争而言，分歧最大的一个问题就是如何处理那些割据一方，各自为政的藩镇，牛党以为只要藩镇们不特别过分，中央政府就可以忍着，以免让朝廷卷入战争；李党则主张削平那些不听中央招呼的藩镇，把全国所有土地都真正统一在大唐的旗帜之下。

杜牧虽然深受牛党领袖牛僧孺的知遇之恩，他的政治态度却和李党更加接近，因为他从小就树立了修身养性齐家治国平天下的宏图大志，而且一直留心"治乱兴亡之计，财赋兵甲之事，地形之险易远近，古人之长短得失"，并且研究《孙子兵法》为其做注，时刻准备着为大唐的统一大业和主权完整尽自己的一份力量。

《三国演义》中的徐庶是"身在曹营心在汉"，结果一生未为曹操设一计，而杜牧则是"身在牛党营，心与李党同"，这种尴尬处境注定他的仕途会经历更多的曲折和挫折。李党当政时，杜牧就被排挤出京城，到地方州郡为官，比如黄州、池州、睦州，牛党掌权时，杜牧就会被调回京城担任一些有名无实或有职无权的官位，比如膳部员外郎、司勋员外郎、中书舍人，总之，杜牧在二十余年的仕途生涯中始终没有像他爷爷那样获得实现兼济天下的远大理想的机会。当然他在做地方官为政一方的时候，还是兴利除弊做了很多有利于老百姓的事情，在各地都留下了不错的官声。

李党领袖李德裕做宰相执掌朝纲的时候，回纥入侵，泽潞叛乱，被赶出京城在黄州做太守的杜牧打破党争藩篱，上书李德裕详细恳切地陈述自己的用兵方略，李德裕"奇其才"，并采纳他的建议平定了叛军击退了回纥，事后却对立了大功的杜牧不闻不问，因为他恨极了牛党中人。但杜牧并未因此不再关心国事民生，后来，他见江淮地区水匪横行，百姓遭难，就再次上书李德裕为民请命为国纾难，最终，中央政府和地方政府通力合作彻底解除了江淮流域的匪患。

追求人格独立、精神自由的大诗人杜牧没有把自己视为牛党或者李党，他只是想怀着一颗忠君爱民之心，成就一番治国安邦之业。令人遗憾的是，他生在牛李两党掐得像乌眼鸡的那个时代，结果他的青春被蹉跎，他的才能被荒废，他的人生被打折（杜牧去世时年仅四十九岁），只在后人心目中留下了一个诗人的名号。如果杜牧生当其时，他完全有可能凭着他的政治军事才能和独树一帜的诗歌成为一个集政治家、军事家、文学家于一身的文武兼备型的历史伟人。但历史没有假设，虽然杜牧的人生境遇远远好于同为晚唐大诗人的李商隐，但他其实也是牛李党争的一个深度受害者。

黄崇嘏：她是女状元还是女驸马？

黄梅戏《女驸马》是中国人耳熟能详的经典戏曲剧目，这个故事来源于唐代才女黄崇嘏富有传奇色彩的人生经历。但是，历史上的黄崇嘏和《女驸马》中的冯素珍还是很不相同的。

黄崇嘏生活在晚唐时期，她的故乡在当时的临邛大井漕，即现在的邛崃市火井镇。看到这儿，非常熟悉历史的朋友们肯定会有这样的感觉——黄崇嘏成为一个奇女子并非偶然，她应该从小就有这个想法，因为汉朝奇女子卓文君就是临邛人。

和卓文君一样，黄崇嘏也并非一般人家的女子，卓文君的老爸是个豪商巨贾，黄崇嘏的父亲地位更高，曾经在蜀地某个州郡做过高官。

黄崇嘏小时候接受了良好的家庭教育，无论诗词文赋，还是棋琴书画，都超于常人的水平，在当地一时传为美谈。

遗憾的是，黄崇嘏还未成年，她的父母就相继离她而去了，留在她身边的只有一个一片忠心的乳娘。

黄崇嘏在乳娘的关爱照顾下长大成人了，成年后的她有了一个新的爱好，那就是女扮男装外出游历，以增长阅历见识，首选之地当然是她的故乡所在的川西和与之相邻的川东。

888年的一天，扮成男子的黄崇嘏从故乡大井漕经由临邛县城外出，那时城里发生了一场大火灾，而黄崇嘏碰巧从火灾现场经过，结果她被别有用心的人指认为纵火犯，并被押送到了邛州刺史周庠面前，顺便说一下，当时的邛州就驻在临邛县。

黄崇嘏知道周庠是个清正廉明的好官，就现场吟诗为自己辩冤。周庠见她态度从容，举止儒雅，不像纵火作恶之人，庭审后更加确定她是无端蒙冤，就当场将其无罪释放了。

为了感谢周庠的洗罪之恩，黄崇嘏特意写了一篇情真意切的歌赋呈献给他。周庠是个慧眼识珠的伯乐，他特事特办把黄崇嘏招入了州学，让她和别的青年才俊一起读书求学。

周庠对黄崇嘏的了解越多，就越喜欢这个才艺超群的"小伙子"，于是不久之后，黄崇嘏在周刺史的衙署内担任了司户参军一职。

黄崇嘏没有让周庠失望，她到任后很快就把积压多年的疑难案件审理得一清二楚。在其后的工作中，黄崇嘏的表现也非常突出，周庠分配给她的每个任务她都能完成得不温不火，恰到好处。

对黄崇嘏这个"小伙子"，周庠满意得无以言表，终于在某一天他委婉提出要把自己心爱的女儿嫁给黄崇嘏。正当周庠满怀信心地等待着准女婿前来下聘时，却收到了黄崇嘏派人送来的辞职信。

黄崇嘏在辞职信中讲明了她的身世和经历，并且在结尾附了这样一首诗：

> 一辞拾翠碧江湄，贫守蓬茅但赋诗。
> 自服蓝衫居郡掾，永抛鸾镜画蛾眉。
> 立身卓尔青松操，挺身铿然白璧姿。
> 幕府若容为坦腹，愿天速变作男儿。

周庠这才知道自己一直心仪的帅小伙原来是个俏女郎，彼情彼景之下，他只好尊重黄崇嘏的意愿，让她带着一笔生活费回乡去陪伴她的老乳母。

艺术源于生活而又高于生活，黄崇嘏的故事被后世剧作家写入戏剧时，就变成了下面这个样子——

年方二十的黄崇嘏女扮男装赴成都应考，高中头名状元。主考官周庠时为宰相，喜其英俊多才，欲以为婿，黄写诗婉拒，周得知真相后方才作罢。翌年周庠之子周凤羽亦中状元，黄崇嘏则与新状元结为秦晋之好。

以黄崇嘏为主人公的经典剧作有金末元初无名氏的杂剧《春桃记》、明代徐渭的杂剧《女状元辞凰得凤》等。

正如上文所言，唐代历史上的女司户黄崇嘏在元明时期的戏剧作品中变身为女状元，后来在黄梅戏《女驸马》中则又升格为女状元兼女驸马，名字也从有些拗口的黄崇嘏变成了老百姓喜闻乐见的冯素珍。

冯道：出来混，靠的是文化

　　五代十国时期，有这样一个人物，他在后唐、后晋、契丹、后汉、后周五个政权中担任过宰相，先后侍奉辅佐过十个皇帝，被称为不倒翁、长乐老，这个人就是被欧阳修、司马光视为奸臣却得到王安石、苏东坡赞美的冯道。

　　很多人认为冯道之所以能够"不倒""长乐"，是因为他深谙为官之道，有人甚至说他是阿谀奉承，溜须拍马之徒，前一种说法有一定道理，后一种论断有失偏颇。关于以上两点在此不做细论，笔者想说的是从某种程度上讲，对于冯道而言，出来混，靠的是文化。

　　冯道出生在一个"为农为儒，不恒其业"的家庭，他们这个家族的人一直没有脱离农业劳动，同时又非常重视文化教育，因此冯道从小就养成了温柔敦厚、安贫乐道的性格，勤勉好学、孜孜以求的习惯。冯道长大成人时，唐朝已经奄奄一息，几近灭亡，境内藩镇割据，各自为政，冯道的家乡就处在幽州节度使刘守光的统治之下。

　　学业有成的冯道不愿让自己的文化知识仅仅用来修身、养性、齐家，他有更高的理想，用孔子的话说叫"治国平天下"，用孟子的话说是"兼济天下"，于是，他凭借着满腹经纶成了刘守光手下的参军。刘守光不纳冯道等人的忠言，最终兵败身亡，冯道便逃到太原投靠在河东任监军使的张承业，张承业重视他的"文章履行"，便把他推荐给晋王李克用任河东节度掌书记。

后来，李克用的儿子李存勖灭掉后梁在开封称帝，冯道被任命为户部尚书兼翰林学士。随后的后唐明宗李嗣源出身行伍，大字认不得一筐，所以对学富五车的大知识分子冯道特别尊敬，一即帝位就把冯道拜为端明殿学士，一年后便让他晋升为一人之下万人之上的宰相。冯道引荐任用了不少有才识的孤寒士子，而对那些品行浮躁的"官二代"却加以抑制，尽管有一些人因此对他进行讽刺弹劾，但幸运的是明宗一直非常信任他。

从冯道的仕途经历来看，显而易见他是靠文化起家的，无论参军、掌书记，还是翰林学士、端明殿学士，都是以耍笔杆子为己任的职位，因此，他特别注重儒家经典的传播普及，文化事业的发展进步。

后唐明宗长兴三年（932年），冯道开始做一件在中国印刷史上开天辟地的大事。在他的主持和亲自参与下，后唐中央政府的文化部门开始用当时的新科技雕版印刷术印行儒家经典《九经》，这是我国官府正式刻印书籍之始，乃文化史上有着里程碑意义的文化盛事。《九经》包括《诗经》《尚书》《周易》《春秋左氏传》《春秋公羊传》《春秋谷梁传》《周礼》《仪礼》和《礼记》这九部文化巨著，在古代中国人的日常生活和文化学习中有着举足轻重，不可取代的地位。

在此之前，雕版印刷术主要用于印制佛教经文，正是冯道以罕见的勇气和深远的目光开历史之先河，首次把这种新技术用来印刷儒家经典作品。经过书家端楷书写，能匠精工雕刻，第一批标准的经籍文本终于面世了。这些首次以雕版印刷的《九经》，像蒲公英一样散播到民间，"因是天下书籍遂广"（元朝大学者王祯语），为将来北宋时期的文化大繁荣埋下了美好的种子。

冯道成就了文化，文化也成就了冯道。

五代十国是一个谁有枪谁有发言权，城头大王旗不断变换的动乱时代，各个政权的统治者多是字认识他，他不认识字的大老粗，但这些大佬都非常可爱，喜欢附庸风雅，重视并且重用有真才实学的文人才子，前蜀的韦庄、吴越的罗隐、闽国的韩偓、荆南的孙光宪皆为典型例子。虽然以上这几位以诗文著名，而冯道以经学见称，但归根结底，他们都是靠文化出来"混"的。

冯道支持的雕版印刷《九经》开始于932年，结束于953年，历时长达二十余载。在此期间，冯道一直是中原知识界的领军人物，文化圈的一面旗帜，他也因此成了皇帝们极力推崇、努力争取的对象。每次改朝换代，新君登基，都会把"文化一哥"冯道召来授以高官显职，以显示新政府是一个尊奉儒道、施行仁政的政府，新朝廷是一个充满文化气息，重视文化事业的朝廷。

其实，当时还有一个和冯道的经历极为相似的文化大名人，他就是著名词人和凝。和凝是扬名国际的才子,连契丹人都称其为"曲子相公",他正是凭借着自己的文学才能得以在梁唐晋汉周这五个短命朝代一直身居要职,风光无限。

冯道深知文化于他的成就之功,他曾经对人说过这样的话:我能有今日,并非由于别的,只是因为现在这个世界上肯读书、爱读书的人太少了。

受人滴水之恩,当以涌泉相报。冯道对文化充满感激之情,在雕版印刷《九经》,普及文化教育这一伟大事业上倾注了毕生的精力和心血。953年五月,历时二十二年的《九经》雕印工作最终大功告成,了却人生宏愿的冯道在第二年溘然而逝,与世长辞,是非功过留予后人评说……

北宋王朝

赵匡胤没有那么冷酷

关于南唐后主李煜之死，很多人都陷入了一个误区，那就是把杀害他的罪行归到了宋太祖赵匡胤身上，因为他们觉得一个亡国之君死在一个开国皇帝手里是非常符合常理的。实则不然。

毒死李煜的凶手不是宋太祖赵匡胤，而是他的弟弟宋太宗赵光义，而且很可能赵匡胤自己也是死在这个弟弟手里。所以，宋太祖赵匡胤实在是冤枉得很，不但死得不明不白，还要替可能是自己夺命仇人的宋太宗赵光义承担杀害文化名人的恶名。

实际上，赵匡胤不仅没有虐待杀害李后主，他对其他几个投降归顺的割据政权的君主，比如后蜀后主孟昶、南汉后主刘鋹、南平国主高继冲，也都仁至义尽，给以优待。他不仅封给李煜等人公侯爵位，赐给他们府邸，还让其中的某些人担任了重要官职。

应该说，宋太祖赵匡胤是个以仁为本、待人宽厚的皇帝，这在很多方面都有充分的体现。

赵匡胤非常孝敬他的母亲杜太后。杜太后偏爱二儿子赵光义，又见赵匡胤的两个儿子年纪较轻，就提出在赵匡胤百年之后，由他的弟弟赵光义继承帝位，然后再传给他的长子赵德昭。孝顺的赵匡胤竟然同意了母亲的安排。若干年后，宋太祖在一个月黑风高之夜，在烛影斧声之中不明不白地驾崩了，不少人认为赵光义就是那只幕后黑手。令我们欣慰的是，赵光义的皇位传到高宗赵构之后，又回到了赵匡胤的后代孝宗赵昚手中，因为赵构在战争中受惊过度失去了生育能力，没有后代。

赵匡胤爱护女性的形象在民间也是很有影响的，至今百姓中仍流传着他年轻时"千里送京娘"的故事。他从强盗手中救出弱女子赵京娘之后，与之结为兄妹，并千里迢迢、不辞辛苦地将她送回家中。一路之上，赵匡胤的侠肝义胆、精心照料令京娘异常感动，早已芳心暗许，无奈赵匡胤专心于建功立业，只得婉言谢绝。分别之后，京娘一片痴情难以自解，不久伤心而逝，空留下一段千古传唱、令人唏嘘的爱情悲歌。赵匡胤坐上龙椅后，并没有广选美女充斥后宫、朝秦暮楚、色衰爱弛之举，这也表现了他对女性的尊重。

对于帮他取得地位的功臣宿将，比如石守信、高怀德、田重进等，赵匡胤巧妙地用"杯酒释兵权"的策略削夺了他们的兵权，然后赐给他们大量田宅、金钱、珠宝，让他们自由自在地去过无忧无虑的日子，并将自己的一妹二女嫁入这些高级将领家中，以消除他们"狡兔死，走狗烹；飞鸟尽，良弓藏"的忧虑担心，这些做法比起刘邦、朱元璋大杀功臣来不知要强多少倍。

赵匡胤虽然在兵将们的拥护下"黄袍加身"，发动"陈桥兵变"取得了皇帝的宝座，但他并没有依照前朝故事，杀死被废黜的小天子周恭帝柴宗训，而是把他封为云南王，并且赐其代代相传、永保富贵的丹书铁券，这才有了《杨家将》中杨六郎、柴郡主情定珍珠衫，婚成状元媒；才有了《水浒传》中的帝子龙孙小旋风柴进；才有了《岳飞传》中的校场夺帅的小梁王柴贵。这些人物也许是虚构的，但赵匡胤优待柴氏子孙应该是不争的事实。

大宋朝的那些事儿

如果问你这样一个问题：儿时你最熟悉哪个朝代的故事？不知你的答案是否与笔者一样，笔者的答案是宋朝。因为小时候脍炙人口、耳熟能详的评书，如《杨家将》《呼家将》《包公案》《水浒传》《岳飞传》等都取材于宋代的史事。

宋朝是我国历史上一个重要的朝代，北宋南宋加在一起统治时间长达三百一十九年，超过了之前恢宏壮丽、世界瞩目的大唐王朝。但宋朝不是一个严格意义上的统一王朝，北宋的疆域没有越过长城，南宋更是偏安江南，"直把杭州作汴州"了。当时，与两宋对峙的政权先后有契丹族的辽、党项族的西夏、女真族的金、蒙古族的元。

两宋最后都是亡于少数民族政权，而且可谓异曲同悲。北宋于1125年和金联兵灭辽，仅仅两年后却步辽后尘被金吞掉；南宋和蒙古（后改称"元"）在1234年联合灭掉了金，四十多年后，苟延残喘的南宋被元灭亡。

两宋的十八位皇帝中没有暴君，但昏君不乏其人，胆怯畏敌的宋真宗、花天酒地的宋徽宗、残害忠良的宋高宗、不问政事的宋理宗都是典型的例子。

宋朝皇帝之中虽没有几个明君,却有一个好传统,那就是好学习、重读书。宋太宗在位期间,组织编写了《太平御览》《太平广记》《文苑英华》三部内容丰富、卷帙浩繁的大型丛书,而且给后世留下了"开卷有益"这个成语。宋真宗则在《劝学诗》中写道:"富家不用买良田,书中自有千钟粟;安居不必架高堂,书中自有黄金屋;娶妻莫恨无良媒,书中自有颜如玉。"宋徽宗爱好文艺,画技炉火纯青,登峰造极,书法上则创造了有名的瘦金体。宋高宗虽在历史上遗臭万年,却也是个造诣颇深的书法家。

关于宋代皇帝还有一事很值得一谈。想当初,宋太宗在"烛影斧声"中神秘地继承了其兄宋太祖赵匡胤的帝位,然后一路传下来,传到宋高宗手里,却因为无子将皇位还给了宋太祖的后世子孙宋孝宗,这岂不是机关算尽最终却落得一场空?宋高宗死不瞑目时可能已经听到了历史老人的嘲笑声。

既然皇帝大多昏庸暗弱,为什么宋王朝还能在内忧外患、天怒人怨的形势下享祚三百多年呢?我想其中一个重要原因就是在危急关头总有忠臣良将出现,像北宋时期的寇准、杨业、包拯、狄青、范仲淹、韩琦、李纲、宗泽,南宋时期的岳飞、韩世忠、张浚、向子諲、虞允文、文天祥、张世杰、陆秀夫等。这些仁人志士,文官不爱财,刚正清廉;武官不怕死,马革裹尸,辅大宋,攘蛮夷,为宋王朝的延续立下了不朽功勋。如果没有他们,只有乱国害民的蔡京、秦桧、贾似道,赵宋王朝早就寿终正寝了。

两宋时期涌现了很多江西籍的文化名人，如晏殊晏几道父子、欧阳修、黄庭坚、王安石、曾巩、杨万里、朱熹、姜夔、文天祥，要知道，在两宋之前，江西拿得出手的文化名人好像只有一个陶渊明。那么原因何在呢？笔者思来想去得出三个原因：其一是江西的文化事业在南唐时期获得了极大的发展，著名的白鹿洞书院就是在那时建成的；其二是晏殊、欧阳修等前辈大力提携奖掖家乡的后起之秀；其三是江西在南宋时期接近京畿，经济文化发展较快，情况和唐朝时期的甘肃有些相似。这当然是一家之言，是否有理敬请大家指教。

还有一个奇怪的现象，那就是这个时期，特别是北宋中后期，在吕姓中出现了很多高官显贵，像吕蒙正、吕端、吕夷简、吕惠卿、吕大防、吕颐浩、吕本中等，不知只是历史的巧合，还是别有原因。

纵观两宋三百多年的历史，你会发现有三位女性在众多须眉男子之间熠熠闪光，正是万绿丛中几点红。这三个女子，一文，一武，一妓。一文自然是杰出的女词人李清照，婉约派的代表人物，她与豪放派的辛弃疾并称"济南二安"（李清照号易安，辛弃疾字幼安）。一武自然不是穆桂英，因为她是虚构的人物，而是金山击鼓战金兵的梁红玉。一妓乃是李师师，她名满京师，连宋徽宗都通过地道一近芳泽。李师师虽为青楼女子，却重大义，轻生死，怒斥敌酋，饮剑自刎，远非忍辱含垢、坐井观天，最后老死五国城的宋徽宗可比。其实，梁红玉也出身青楼，不过她比李师师幸运得多，遇到了重情重义的韩世忠。

悠悠三百年，弹指一挥间，但两宋时的事儿却永远不可能说尽，就像当初宋太祖不可能想到烛影斧声、皇位易主，不可能想到"靖康之变"、二帝北狩，不可能想到崖山兵败，陆秀夫背负小皇帝投海殉国……

谁是中国历史上的哈姆雷特

莎士比亚是世界上最著名的戏剧大师,《哈姆雷特》则是莎翁四大悲剧中最著名的剧作。"一千个读者心中就有一千个哈姆雷特"这句世界名言,一方面反映了文学欣赏因人而异,另一方面也证明了《哈姆雷特》在世界文学中的重要地位。

在《哈姆雷特》中,主人公哈姆雷特是8世纪的一位丹麦王子,但他其实是莎士比亚虚构的文学人物,历史上找不到关于他的任何记载。莎翁写作此剧是借古讽今,以8世纪的丹麦来影射16世纪和17世纪之交的英国。

出人意料的是,中国历史上竟然有一个王子级人物遭逢了和哈姆雷特极其相似的人生境遇,他就是本文的主人公。

咱们先来看一看哈姆雷特的人生经历。

在德国威登堡大学读书的丹麦王子哈姆雷特突然接到父亲的死讯,当他回国奔丧时,他的叔父克劳狄斯已经即位成了新国王,而他的母后乔特鲁德竟然委身于新国王做了新王后。面对这样残酷而尴尬的现实,哈姆雷特深感愤怒和困惑。随后,已经离世的老国王的鬼魂出现了，老国王告诉哈姆雷特他是被克劳狄斯毒死的，并且要求哈姆雷特为他复仇。

为了搞清楚事情的真相，哈姆雷特假装疯癫，上演了一场"戏中戏"，最终证实了叔父克劳狄斯就是他的杀父仇人。奥菲莉亚是哈姆雷特的心上人，而哈姆雷特却因为失误杀死了她的父亲波罗涅斯，悔恨不已的哈姆雷特离开丹麦逃往英国，狠毒的克劳狄斯企图借英王之手除掉侄子，但哈姆雷特机智地回到了丹麦。

这时，不幸的奥菲莉亚已经自杀，她的哥哥雷欧提斯对哈姆雷特充满了仇恨，哈姆雷特不得不接受了雷欧提斯提出的决斗。

决斗中，哈姆雷特的母亲乔特鲁德误喝了克劳狄斯给哈姆雷特准备的毒酒，命陨当场，而哈姆雷特和雷欧提斯也双双中了毒剑。令读者欣慰的是，哈姆雷特临死前杀死了充满罪恶的克劳狄斯，为这出悲剧增加了一点亮色。

哈姆雷特已经是一人之下万人之上的王子，而本文主人公的地位实际上比王子还高，他乃是大一统王朝的太子或者说是准太子。

他的父亲南征北战，东讨西伐，消灭了各地的割据势力，基本上统一全国，他作为两个皇子中的老大，深受父亲信任和重用，当然就是太子的不二人选，换句话说，他将来会承继大统，拥有天下。

但是，他的父亲在一个月黑风高、大雪纷飞的夜晚突然死去，而他的叔父第二天就堂而皇之地捧着传国玉玺坐上了皇帝之位，留下了一个千百年来一直没有解开的历史谜案。

他的母亲虽然没有像哈姆雷特的母后那样委身于他的叔父，却被永远地困在了皇宫之内,最后孤独而寂寞地离开了这个世界,他的叔父不但没有按照皇后的规格为他的母亲举行葬礼,而且还不允许他的母后和他的父皇合葬在一处。

实际上,他的命运比他的母亲还要悲惨,因为他的死比他的母亲足足早了十六年,而且是死于自杀。

在他的父亲莫名离世后,他的叔父好像对他还是很不错的,让他做了丞相级别的侍中,还让他兼任京城的一把手,还封他做了武功郡王,还给他娶了当朝重臣的女儿为妻,顺便说一下,这个女孩的身份很像哈姆雷特的恋人奥菲莉亚。

他的父亲突然驾崩时,他对叔父应该是有所怀疑甚至是充满憎恨的。但是,随着时间的流逝,他好像渐渐被叔父对他的关爱触动了,但是,这种感觉在三年后的一次战争中完全改变了。

那一年是太平兴国四年,即979年,他跟随他的叔父征伐被北方游牧民族占据的幽州。一天深夜,敌军突然来袭,他和他的叔父被冲散了,各自带着军队向南奔逃,随后有人误传他的叔父已经遇难,于是他身边的几个大臣提议要立他为帝,尽管他严词拒绝,但这事后来还是让他的叔父知道了,皇上很生气,后果很严重。

因为北伐失利而归,他的叔父没有赏赐战争前期立下战功的将领,他善意地提了个醒,却没想到错摸了老虎的屁股,他的叔父勃然大怒,说出了这样一句话:"等你自己做了皇帝,再行赏也不迟!"

他觉得叔父皇帝的反应是对他的侮辱,不由得悲愤交加,和哈姆雷特一样陷入了"生存还是毁灭"的心灵困境。不幸的是,他最终选择了后者——退朝回到自己的府邸后,他拔剑自刎了,将他的生命永远定格在了二十八岁。

看到这里,熟悉历史的朋友应该已经知道了本文主人公的具体身份,他就是北宋创立者宋太祖赵匡胤的儿子赵德昭,他的叔父则是"斧声烛影"的嫌疑人宋太宗赵光义。

赵德昭就是笔者心目中中国历史上的哈姆雷特。

四起四落的寇准

寇准的仕途在开始时还是非常顺利的,十九岁进士及第,三十岁时就已经在大宋最高军事机构枢密院担任枢密副使(相当于现在的国防部副部长),并且因为敢于直言进谏而得到了宋太宗的信赖和倚重。

木秀于林,风必摧之,况且寇准又是一个性格张扬、脾气倔强的人,于是,他和年龄大他二十多岁的另一位副使张逊之间产生了越来越激烈的矛盾。终于有一天,张逊暗中让他的一个嫡系部属王宾把寇准告到了皇帝那儿,说寇准下朝回府时,有一个狂民拦住他的马三叩九拜山呼万岁。

寇准被皇帝召来后辩解说当时他与温仲舒并辔同行,而王宾却单单上奏弹劾他一个人,显而易见是恶意中伤,心怀叵测,并且指出张逊是背后指使之人,随之,张逊也被叫来对质。寇准和张逊这一对冤家对头,仇人相见,分外眼红,针锋相对,互不相让,完全忘了皇帝就在旁边坐着。宋太宗看到两个国家重臣掐得跟乌眼鸡似的,脸上非常挂不住,心间着实很生气,于是后果很严重。

结果，张逊被连降三级，寇准被贬为青州知府。

但是，宋太宗把寇准逐出京城后很快就后悔了，因为没有了寇准的逆耳忠言，他感到的是"高处不胜寒"那般的寂寞，此时他才意识到寇准在他生活中的重要位置。在这种情况下，一年之后寇准就被调回了京城并担任了比枢密副使还要高的职位——参知政事，用现在的话说，就是国务院副总理。

然而，这对君臣之间的关系并没有就此画上一个圆圆的句号。不久之后，寇准又把皇帝他老人家给惹火了，事情是这样发生的。

大臣彭惟节原先位居冯拯之下，后来，两人同时升为员外郎，成了平级，但冯拯仍习惯性地在公文奏章上把自己的名字排在彭惟节上面，寇准和彭惟节关系不错，却一向对冯拯不满，于是就借题发挥，以上级的身份对冯拯提出了批评，冯拯也是个强势的主儿，他不甘示弱，向皇帝上书弹劾寇准。宋太宗把寇准召来询问，寇准自认于理无亏，做出一副要与皇帝论争到底否则决不罢休的架势。宋太宗虽然欣赏寇准的能力与魄力，却也实在忍受不了他无视尊卑、咄咄逼人的态度，一怒之下将其从副国级一下子撸到了厅级。

寇准再次被贬出京城，到邓州做了知州。

不久，宋太宗驾崩，太子赵恒继位，这就是历史上的宋真宗。宋真宗感谢寇准当年的推选之恩，将他从邓州召回京城，任命其为尚书工部侍郎。

北方的辽国趁宋朝新君初立之机发动了侵略战争，连续两次在高阳关大败宋军，大宋朝野上下为之震惊，一些大臣甚至建议皇帝迁都江南以避敌锋。在此危急存亡之际,"天资忠义,能断大事;志身殉国,秉道嫉邪"的寇准在毕士安的推荐下再次入阁拜相。在寇准的运筹帷幄和部署安排之下,宋真宗放弃迁都的想法,亲临前线鼓舞士气,宋军兵精粮足,意气风发,打退了敌人的一次次进攻,最终双方按照宋朝提出的条件在澶州城下签订了《澶渊之盟》,由此保证了宋辽边境一百多年的安定和平。

主战的寇准赢得了战争的胜利,威望一时之间如日中天,这引起了主逃派新一轮的羡慕嫉妒恨。主逃派的头子王钦若是个心机颇重的家伙,他不和寇准发生正面冲突,却在背地里向宋真宗展开了心理攻势。一天,王钦若找准时机对皇帝说了这样一番话——陛下听说过赌博吧!那些赌徒在银子快要输完的时候,就会把身上所有的财产都押上去,赢了,咸鱼翻身,输了,家亡人散,这就叫"孤注一掷",陛下在澶州时不过是寇准手里的一个"孤注"罢了,当时可真是危险啊!宋真宗一时糊涂,竟然听信了王钦若空穴来风的谗言,对寇准的态度一落千丈。

王钦若一看他的毒计在皇帝那儿奏了效,就指挥他手下的虾兵蟹将对寇准展开了进一步的攻势。结果一年之后,寇准再次罢相,被遣到陕州去做知州。

寇准在地方政府一待就是十三年,直到1019年才迎来转机,然而就是这次转机把寇准推上了万劫不复的境地。

荐举寇准回朝拜相的人名叫丁谓,当时官居参知政事。丁谓是一个权欲熏心又工于心计的家伙,他把寇准推上相位其实是黄鼠狼给鸡拜年——没安好心，他是想借着寇准的声望来改善自己在朝廷中的臭名声，然后找机会取而代之。在这种情况下，一出名副其实的"溜须"闹剧在历史的大舞台上开演了。

某年某月的某一天，寇准、丁谓等朝廷重臣在开完办公会议后一起用餐，寇准一不小心让自己颔下那长长的胡须沾上了一点汤汁，丁谓见状，连忙起身为之"溜须"，溜者，揩拭也，寇准半认真半开玩笑地说："参政，国之大臣，乃为长官拂须耶？"此话一出，在场众人除丁谓外皆哈哈大笑，丁谓臊得脸红脖子粗，恼羞之下心底成怒，暗暗发誓日后逮住时机要把寇准往死里整。顺便说一下，"溜须"的典故就是从这儿来的。

让丁谓欣喜若狂的是，机会很快就来了。

久受风湿之苦的宋真宗当时已经病体沉重，精明强干的皇后刘娥顺势掌握了朝廷大权，丁谓见风使舵，使出浑身解数取悦刘皇后，很快获得了女主子的宠信，成了最有权势的大臣。以寇准为首的老臣们不满女主听政，就想借着弹劾丁谓误国让刘皇后把权力转交给太子。这时，和丁谓有仇的大太监周怀政策划了一场政变，打算将太子推上皇位，让真宗去做太上皇，但不幸被丁谓等人绞杀在萌芽状态。

丁谓趁机向寇准展开了攻势，他诬陷寇准参与政变密谋，于是，寇准再次被赶出了京城，而且被贬到了离京几千里的瘴疠之地湖南道州。

然而，丁谓还嫌道州不够远，两年后，他又撺掇刘皇后把寇准贬往离京城更远的、和海南岛仅隔着一条海峡的雷州。一年后，花甲之年的寇准在忧病交加中逝世于当地百姓主动为他盖起的寓所内。就在这时，刚刚继位的宋仁宗发来了圣旨，要将这位老臣安排到离京城近一些的衡州任职，遗憾的是，一代名相已经遥望故乡含泪长逝了，他再也不需要为那起起落落、沉浮不定的为官之路欣慰愉悦或者悲凄哀抑了……

包公是怎样炼成的

包公是中国人最熟悉的清官,他铁面无私,不徇私情,日断阳,夜断阴,铡国舅,铡驸马,铡判官,铡包勉,下陈州,审乌盆,为国除奸,为民洗冤,留下了一个个脍炙人口、妇孺皆知的精彩故事。虽然这些充满传奇色彩的故事都是说书唱戏者为了更好地塑造包公高大神秘形象而编写出来的情节,但是却也并非空穴来风、无中生有,而是有着一定的历史依据的。

那么,民间的包公形象是怎么炼成的呢?

包公姓包名拯,999年生于庐州合肥(即今安徽合肥),是楚国忠臣申包胥的第三十五代孙。

北宋仁宗天圣五年,即1027年,二十八岁的包拯考中进士,开始踏上仕途。

包拯的第一个官职是"大理评事",这个听起来挺不错的职位实际上级别很低,大致相当于现在的法院陪审员。随后,包拯被任命为建昌(今江西永修)知县,但由于父母年事已高,不能随他远行,包拯就遵照圣人"父母在,不远游"的教诲,暂时放弃官职,留在家里侍奉双亲。

后人有感于包拯的孝顺，就把包拯儿媳抚养包拯幼子的故事移到包拯的身上，在《赤桑镇》中让他有了一个敬之如母、衷心奉养的嫂娘。

父母去世之后，包拯才离开家乡前往京城等候朝廷授予新的职位。在此期间，包拯写下了一首抒怀明志的五律："清心为治本，直道是身谋。秀干终成栋，精钢不作钩。仓充鼠雀喜，草尽狐兔愁。史册有遗训，无贻来者羞。"意思是说，做人要淡泊宁静，光明正大，努力成为一个救民济世、流芳百代的清官，就像秀挺的木材应做房屋的栋梁，精炼的钢铁决不去做钩子一样。

景祐三年（1036年），包拯被任命为天长（今安徽天长）知县。在知县任上，包拯公正地断了好多积案，还断了一个奇案，因此声名远播，博得了清官的好名声，于是，《乌盆记》《探阴山》这样的神鬼故事就应运而生了。

包拯在三十八岁时升任知州，先后在端州、庐州等地任职。他清明廉洁，无私无畏，受到了世人的称赞，也得到了上级的重视，之后，便应召入京，开始了朝廷重臣的政治生涯。

包拯知庐州时，"执法不避亲党"，树立了大公无私、不徇私情的光辉形象，这才有了《铡包勉》《赤桑镇》的传奇故事。

包拯入朝后，历任给事中、礼部侍郎、三司户部副使、龙图阁直学士、枢密副使等职，他上书皇帝建议练兵选将、充实边备，请求朝廷准许解盐通商买卖，并曾多次上表弹劾贪污腐化的不法之臣。

嘉祐二年（1057年），包拯被授予重任，出任北宋都城开封的知府。开封知府是一个极为重要也非常难当的职务，一是皇上可以随便干预开封地方事务，二是聚集在都城的皇亲国戚有些人仗势欺人，胡作非为。

包拯在开封知府的任期内，秉公理政，不畏权贵，一身正气，铁面无私，"贵戚宦官为之敛手，闻者皆惮之"。童稚妇女，皆知包拯之名，京师为之语曰："关节不到，有阎罗包老（即使你不走关节，包公也会为你主持公道）。"

按旧规矩，百姓即使有诉讼也不能直接到官署递交状子，而要通过打点门子小吏把状子递上去。一心为民做主的包拯打开官署正门，让告状的人能够直接走到他的面前禀明事由，陈述冤屈，办事小吏因此不敢欺瞒。包拯的做法虽然得罪了不少皇亲国戚，但是他行得正，坐得端，谁也拿他没有办法。

由于包拯心中装着黎民百姓，敢于和乱行不法的达官贵人、皇亲国戚进行斗争，劳动人民、文人墨客就编出三口铜铡（龙头铡、虎头铡、狗头铡）等传说和《铡判官》《铡国舅》《铡美案》《打龙袍》等戏曲剧目来赞美他，歌颂他，纪念他。

做了一辈子清官的包拯曾经说过下面的话：后代子孙当官从政，假若贪赃枉法，不得放回老家，死了不得葬入家族墓地。假若不听从我的意志，就不是我的子孙。这样掷地有声的话语应该时时在每一个为官者的耳边响起，如此则百姓大幸，国家大幸矣！

大宋第一名门的风光往事

电视剧《清平乐》中有一个名叫吕夷简的大臣,他乃宋代名相之一,在历史上被尊称为"大宋管家",无独有偶,吕夷简还曾经出现在豫剧名剧《下陈州》的一段唱词中:

一保官王恩师延龄丞相,
二保官南清宫八主贤王,
三保官扫殿侯呼延上将,
四保官杨招讨干国忠良,
五保官曹太师皇亲国丈,
六保官寇天官理政有方,
七保官范尚书人人敬仰,
八保官吕蒙正执掌朝纲,
九保官吕夷简左班丞相,
十保官文彦博燮理阴阳,
众大臣在金殿呈上(齐奏)保状,保为臣下陈州查案追赃。

宋王爷恩赐臣站殿小将，三口铡一道旨我带出汴梁……

大家有没有注意到在为包公"保官"的十位重臣中竟然有两个姓吕，这对于并非超级大姓的吕姓来说绝对属于空前绝后的荣光。

实际上，读两宋历史时，你会经常与吕姓名人不期而遇，比如：吕蒙正、吕端、吕夷简、吕公著、吕大防、吕颐浩、吕本中、吕祖谦，不一而足。

如此多的吕姓名人在南北宋时期现身是偶然还是必然呢？答案是既有偶然性也有必然性。

偶然性在于吕蒙正、吕端、吕大防、吕颐浩分别来自东西南北各地，相隔数百上千里之遥，彼此之间没有什么特别联系，具体地说，吕颐浩生于山东济南，吕大防生于陕西蓝田，吕端是河北廊坊人，吕蒙正是河南洛阳人。

必然性在于吕蒙正、吕夷简、吕公著、吕本中、吕祖谦其实是一家人。

辈分最高的是吕蒙正,他就是传奇爱情故事《破窑记》(全名《吕蒙正风雪破窑记》)的主人公，应该也是王宝钏守寒窑十八年传说中薛平贵的原型之一。历史上的吕蒙正虽然没有那么戏剧性的感情经历，但发达之前的确过着极为贫寒的日子，因为他在很小的时候就和母亲刘氏一起被父亲吕龟图抛弃了。

吕蒙正通过自己的刻苦攻读，终于"乌鸦变凤凰"，考中了状元，后来又成了太宗、真宗两朝深受百姓爱戴的名相，作为第一个状元出身的宰相在历史上写下了辉煌的一笔。

吕蒙正年老退休后，宋真宗在看望他时问他的儿子们中谁将来可以子承父业，吕蒙正这时表现出了既大公无私又"举贤不避亲"的高风亮节，他没有推荐自己的儿子，而是把堂侄吕夷简介绍给了皇帝。

吕夷简是吕蒙正叔父吕龟祥的孙子，他后来也成了一代名相，被尊称为"大宋管家"。

广为人知的"狸猫换太子"的故事和吕夷简有着特别的关系，他在其中的表现足以证明他的高瞻远瞩，深谋远虑。

狸猫换太子的主人公之一李妃在历史上只是刘妃身边的一个宫女，因为偶得宋真宗宠幸生下了龙子，也就是日后的宋仁宗。刘妃仗着皇帝的宠爱将宫女李氏的儿子据为己有，而李氏还和以前一样是个任人使唤的婢女。

苦命的李氏后来郁郁而逝了，刘妃原本想将其按宫女身份埋葬，吕夷简上书说如果刘妃想保刘家一族平安，就必须以皇妃之礼厚葬李氏，刘妃最终同意了吕夷简的建议。

刘妃死后，宋仁宗知道了自己的身世，他本来想严惩刘妃亲属为亲生母亲报仇，但当他看到生母身后得到了厚待时，就放弃了当初的念头，一场血雨腥风因为吕夷简的远见而得以消弭。

凭借刻苦攻读走上仕途的吕蒙正诚然是心系学问的人，而吕夷简对学问的关注更是人所不及,以至于成就了一门新学问——吕学。

吕夷简的儿子们中最有成就的乃是三子吕公著,政治上,他和司马光同时拜相,努力缓解王安石新法造成的社会问题,司马光去世后更是独担重任为国纾难。学术上,他和欧阳修一起探讨,互相促进,进一步发展了治心养性、重历史、重实践的吕氏家学。

吕公著以下的三代人都为宋朝道学的发展做出了很大贡献,其中最值得一提的是他的曾孙吕本中。

吕本中生活在两宋之交,不仅是承前启后的道学家,还是著名的文学家,在诗词创作和文学评论方面都有着重要的成就。

吕本中是著名的江西诗派的命名人,他本人也被视为仅次于一祖(杜甫)三宗(黄庭坚、陈师道、陈与义)的代表性诗人。

吕本中的诗风"清芙可爱",如出水之荷,下面这首《春日即事》可以作为代表:

> 病起多情白日迟,强来庭下探花期。
> 雪消池馆初春后,人倚栏杆欲暮时。
> 乱蝶狂蜂俱有意,兔葵燕麦自无知。
> 池边垂柳腰支活,折尽长条为寄谁?

吕本中的词名更在诗名之上,其词新奇清丽,似海棠沐雨,在此请欣赏他的名作《采桑子》:

恨君不似江楼月，南北东西，南北东西，只有相随无别离。

恨君却似江楼月，暂满还亏，暂满还亏，待得团圆是几时。

吕本中祖籍东莱，故在世时被尊称为东莱先生，但后来这个名号却被一个后辈拥有了，因为此人在道学上的成就超过了吕本中。

这个后辈不是别人，正是吕本中弟弟的孙子吕祖谦，他同时也是吕本中的再传弟子。

吕祖谦是吕氏家学的集大成者，也是吕学真正的创始人。他的吕学和朱熹的朱学、陆九渊的陆学并称南宋三大显学，其地位于此可见一斑。

吕祖谦主张明理躬行，学以致用，反对空谈心性。他在多次遭遇人生不幸的情况下努力以授徒讲学传道为己任，并且创立了影响深远的吕学，为儒家学说的发展做出了重大贡献。

从吕蒙正、吕夷简开启诗书传家的家风起，东莱吕氏一族数代人寄心儒学，求知践行，最终在吕祖谦身上开出了清新淡雅的吕学之花，可谓求仁得仁，善莫大焉！

范仲淹：何处是故乡

关于"先天下之忧而忧，后天下之乐而乐"的北宋名人范仲淹，笔者有一个一直没有解开的疑惑。

绝大多数相关书籍都把范仲淹定位为江苏苏州人，但实际上他待在苏州的日子屈指可数，让人很难认可这个说法。

范仲淹祖籍邠州（今陕西彬州），后其先人迁居苏州吴县（今江苏苏州）。

范仲淹的曾祖、祖父、父亲三代人都在五代十国中的吴越国皇帝身边担任负责文字工作的官员。吴越国末代君主钱弘俶归顺赵宋王朝后，被迫遵照宋太宗赵光义的要求带领后宫妃嫔、文武百官进京居住时，范仲淹的父亲范墉也跟着来到了京城开封。

988年，钱弘俶暴病而亡，范墉便被安排到徐州担任武宁军节度掌书记，第二年，范墉的第二个妻子谢氏在徐州生下了范仲淹。不幸的是，范仲淹出生不久，父亲就英年早逝，撒手人寰了，母亲谢氏只得抱着襁褓之中的范仲淹和家人一起把丈夫的灵柩送回了苏州。

出人意料的是，苏州范氏宗族的人不承认谢氏是范墉的妻子，因为范墉当年离乡时身边只有陈氏一个妻子，而他娶了谢氏后没有带着她回乡祭祖。结果，范仲淹同父异母的哥哥，陈氏所生的范仲温得到了范氏宗族的认可，而范仲淹与他的母亲谢氏却成了无依无靠的寡母幼子。

万般无奈之下，谢氏不得不带着范仲淹改嫁给了在苏州当八品小官平江军推官的朱文翰，并且给范仲淹改名为朱说。

两年后，继父朱文翰离开苏州，回到他的家乡淄州常山县，也就是现在的山东省邹平县，范仲淹和母亲谢氏便也跟着继父从江南来到了北方。

朱文翰对范仲淹母子还是不错的，他将范仲淹视为己出，不但让他吃得饱穿得暖，还供他上学读书。范仲淹也一直以为自己是朱家的子孙，就这样无忧无虑地在山东邹平度过了将近二十年的青葱岁月。

但是，这一切在朱文翰病逝后都改变了，范仲淹又一次遭到了别人的冷眼恶语，只不过欺负他的人从范家的子孙变成了朱家的子孙。

为了摆脱尘世干扰，一心攻读，范仲淹离开朱家，到附近长白山上的醴泉寺寄宿读书。为了培养自己的吃苦精神，他每天只煮一碗稠粥，晾凉以后分成四块，早晚各取两块拌着咸菜吃，吃完继续研读，这就是划粥割齑的文坛佳话。

一个偶然的机会，范仲淹知道了自己的身世，悲痛之余，他辞别母亲到外地一边谋生一边求学，最终幸运地进入了当时的免费大学——南京应天府书院。需要说明的是，当时的南京并非如今的江苏南京，而是现在的河南商丘，这座城市当时和东京汴梁、西京洛阳、北京大名府并称"四京"。

应天府书院是宋代四大书院之一，也是北宋时全国最高学府之一。这个书院校舍二百间，藏书数千卷，聚集了来自全国各地的优秀人才，尤其令人称道的是，可以免费就读，这对于背井离乡、无依无靠的范仲淹来说，真是求之不得的事情。范仲淹十分珍惜这里优越的学习环境，孜孜不倦，乐此不疲地读书，求学，腹中学问与日俱增，五车难载。

孔子曰：学而优则仕。又道是：学会文武艺，卖与帝王家。大中祥符八年（1015年），二十七岁的范仲淹一举中了进士，任广德军司理，成了大宋王朝的公务员。

这时，光宗耀祖的范仲淹心底埋藏了很多年的那个愿望像春天的小草一样欣欣然醒来了，他带着母亲谢氏来到阔别二十多年的苏州认祖归宗，然而热脸贴了冷脸，又一次遭遇了范氏宗族的冷面孔。

这件事一直拖到两年后的1017年，惊动了当朝皇帝宋仁宗，苏州的范氏宗族才同意了范仲淹恢复范姓的要求。范氏宗族之所以做出了让步，一是因为皇帝面子够大，二是因为范仲淹此时已升任亳州节度推官，世态炎凉于此可见一斑。

此后，范仲淹作为大宋公务员在全国各地任职，足迹遍及黄河上下、大江南北，每到一处，都政绩卓著，深得民心。

范仲淹任兴化（今江苏兴化）县令时，全面负责治堰，在通州、泰州、楚州、海州（今连云港至长江口北岸）沿海建起了一道坚固的捍海堤堰，使农田和盐场的生产得到了坚实的保障，人们感激范仲淹的功绩，都把这道海堰称为"范公堤"。兴化县不少曾经深受海啸之苦的灾民，对范仲淹的感激之情真如滔滔江水绵延不绝，竟跟着他姓了范。

范仲淹再次回到苏州是在四十五岁调任苏州知州时，但这一次他在苏州的时间比小时候还要短，只有半年，大约从1034年8月到1035年3月。因为按照宋朝相关法律，公务员应该避免回家乡做官，但那时苏州水灾泛滥，而范仲淹对治水很有办法，所以朝廷才破例将他调来。水灾得到治理后，范仲淹又被匆匆调走了，之后他再也没有回到苏州。

后来，范仲淹曾被调到邠州（今陕西彬州一带）任知州。他非常高兴能来到这范氏祖先的发祥地，并且尽最大力量为百姓做好事，谋福利。但遗憾的是，因为年老体衰的缘故，他不得不在寒冬到来之前回到了相对温暖的中原地区。

1052年，范仲淹从青州调往颍州（今安徽阜阳），他坚持带病上任，不幸路过徐州时彻底病倒了，不久在那儿溘然长逝。

范仲淹祖籍在邠州，籍贯在苏州，生于徐州，长于淄州常山，病逝于徐州，于是就有了一个问题：他应该算哪儿人呢？哪个地方是他的故乡呢？

绝大多数相关书籍都把范仲淹定为江苏苏州人，但是，范仲淹却曾在给亲人的信中说过："我本北人，北人淳厚。"这说明他在山东邹平度过的将近二十年的漫长岁月对他的人生有着相当深刻的影响。而他在父亲去世前生于徐州，和父亲一样死于徐州的独特经历则多少透露了一种人生的宿命。

如果让范仲淹自己回顾一下他这富有传奇色彩的一生，大概他也会发出"何处是故乡"的无限感慨……

《岳阳楼记》是这样写成的

"先天下之忧而忧,后天下之乐而乐"是几乎每个中国人都熟悉的名言警句,而且很多人都知道它出自范仲淹的《岳阳楼记》,却很少有人知道《岳阳楼记》这篇文辞奇美、立意深远的散文佳作实际上是一篇看图作文。

范仲淹是北宋时期杰出的文学家、政治家、军事家,他的诗词散文都享有盛名,特别是词作《渔家傲》《苏幕遮》和散文《岳阳楼记》,最为人们所熟知的当然还是这篇观图而作的千古奇文。

谈到《岳阳楼记》的写作,还得从范仲淹抵御西夏保家卫国说起。宋仁宗庆历二年(1042年),西夏国王李元昊入侵大宋西部边境,在定川寨大胜宋军,而后直取渭州(今甘肃平凉)和泾州(今甘肃泾川),泾州知州滕子京(与范仲淹同年得中进士,并且同属改革派)在招讨使范仲淹的支援下击退了西夏军,取得了泾州保卫战的胜利。战争结束之后,滕子京大摆牛酒宴犒赏三军,特别是羌族首领和兵士,并安抚死者亲属,按当时边疆风俗在佛寺里为死难将士祭神祈祷。

后来，有人弹劾滕子京在泾州时滥用官府钱财，虽有当时任参知政事（相当于副总理）的范仲淹和谏官欧阳修为之辩白申冤，但还是被从京城贬到了凤翔府（今陕西宝鸡），后又贬往虢州（今河南灵宝）。御史中丞王拱辰认为滕子京"盗用公使钱止消一官，所坐太轻"，于是，滕子京在庆历四年春又被贬到了远离京城的岳州巴陵郡（今湖南岳阳）。仕途受挫的滕子京来到巴陵郡后，并没有一味地漫嗟荣辱、低沉消极，而是尽力为当地百姓办事造福，如扩建学校、修筑防洪长堤和重修岳阳楼等。

重修岳阳楼之后，滕子京给好友范仲淹写信请他作记，他在信中说"山水非有楼观登览者不为显，楼观非有文字称记者不为久"，并随信附送了一幅《洞庭秋晚图》，供范仲淹参考。

此时的范仲淹已被反对"庆历新政"的保守派们排挤出京城，由参知政事贬为邓州（今河南邓州）知州。他深知同是天涯沦落人的滕子京之心境，收到老朋友的信后，就开始了《岳阳楼记》的酝酿。

庆历六年（1046年）九月十四日的晚上，邓州花洲书院内，夜风送爽，月光明媚。范仲淹把《洞庭秋晚图》张挂起来，开始凝神构思。他生于苏州吴县，幼时去太湖玩过，母亲改嫁后，又随继父到洞庭湖畔的澧州安乡（今湖南安乡）读书，所以对太湖、洞庭湖的风雨晴晦种种风情非常熟悉。如今怀想起来，岳阳景色之妙，全妙在那一望无涯的洞庭湖，你看她"衔远山，吞长江，浩浩汤汤，横无际涯；朝晖夕阴，气象万千"，"若夫淫雨霏霏，连月不开，阴风怒号，浊浪排空；日星隐曜，山岳潜形；商旅不行，樯倾楫摧；

薄暮冥冥，虎啸猿啼……至若春和景明，波澜不惊，上下天光，一碧万顷；沙鸥翔集，锦鳞游泳；岸芷汀兰，郁郁青青。而或长烟一空，皓月千里，浮光跃金，静影沉璧，渔歌互答，此乐何极！"在《岳阳楼记》中，范仲淹借楼写湖，凭湖抒怀，抒发了自己"不以物喜，不以己悲。居庙堂之高，则忧其民；处江湖之远，则忧其君"，"先天下之忧而忧，后天下之乐而乐"的爱国爱民之情怀，表现了虽遭迫害仍不放弃理想的顽强意志，同时也鼓励和安慰了一样遭贬的战友。

不久，范仲淹的看图作文《岳阳楼记》送到了岳州巴陵郡，滕子京读罢大为感动，立即命人勒石刻碑以传之后世。文章最后那句格言——"先天下之忧而忧，后天下之乐而乐"更是不胫而走，风也似的传诵开来，并且穿透几十万个日日夜夜，一直传到千年后的今天。

欧阳修其实很幽默

大家都知道，北宋诗文大家苏东坡是一个很风趣很幽默的人，殊不知，苏东坡的老师欧阳修在这一点上其实比他有过之而无不及——苏东坡的风趣经历大多出现在民间传说里，而欧阳修的幽默故事则往往记载于皇皇史籍中。

遗憾的是，欧阳修的风趣形象被他文坛领袖的盛名所掩了，今天咱们就来聊一聊欧阳修生活和工作中幽默风趣的一面。

欧阳修非常年轻的时候就凭借出众的才华在西京留守钱惟演（吴越王钱弘俶之子）身边得到了一个工作清闲、待遇优厚的职位，当时与他在一起的还有后来的著名诗人梅尧臣、著名散文家尹洙。在钱惟演的关照下，他们几个青年才俊经常游山玩水，诗文唱和，生活得优哉游哉，不亦乐乎。

几年后，钱惟演因故离职，接替他的是北宋名臣寇准的女婿王曙。王曙到任后把欧阳修等人召集起来，严厉地教导他们说："像寇莱公（即寇准）这样有才能的人，尚且因为耽于享乐而被贬官，你们怎么还敢这样呢？"别人都不作声，反应敏捷的欧阳修不动声色地幽了新上司一默:"寇莱公后来之所以倒霉,不是因为耽于享乐,而是因为一把年纪了还不知道退隐。"

欧阳修得中进士后娶了恩师胥偃的女儿为妻,正是"金榜题名时"加"洞房花烛夜"的"双喜临门"。不幸的是,胥夫人几年后因病早逝了,欧阳修不得不又娶了已故宰相薛奎的二女儿,碰巧的是,薛家的大女婿并非别人,正是欧阳修中进士时的状元郎王拱辰。后来,王拱辰的妻子也不幸撒手人寰,临终前把三妹托付给了自己的丈夫,于是,王拱辰从大女婿变成了三女婿。

王拱辰新婚之时,欧阳修特意写了一首诗表示祝贺,其中有一句非常幽默,道是:"旧女婿为新女婿,大姨夫作小姨夫。"

1054年,欧阳修被宋仁宗任命为翰林学士,和宋祁(写出"红杏枝头春意闹"的那位著名词人)等人一起修撰《新唐书》。

宋祁在修史上优点和缺点都很突出,优点是很有学问,缺点是太有学问,以至于有时候写出来的文字晦涩难懂。欧阳修对宋祁有点意见,却不好意思当面提出,因为宋祁既是前辈,又有诗名,经过一番思考,欧阳修终于有了一个好主意。

一天,欧阳修特意早早来到史馆,在大门上贴了这样八个大字:"宵寐匪祯,札闼洪休。"宋祁看到后端详思索了半天,终于明白了其中含义,就大笑着对在场的同事们说:"这不就是'夜梦不祥,题门大吉'那句大白话嘛,至于写成这样吗?"欧阳修趁机回应道:"我是在模仿您修《唐书》的笔法呢,您在列传里把'迅雷不及掩耳'这句大白话都写成'震霆无暇掩聪'了。"

宋祁明白了欧阳修善意而风趣的提醒,很快改掉了用语过于晦涩的毛病。其实此事也不能完全怪宋祁,因为当时的社会上,特别是最高学府太学里,正流行着一股"写文章不说人话"的歪风。欧阳修在做会试主考官时就遇到了一份这样的试卷:"天地轧,万物茁,圣人发(天地交合,万物产生,然后圣人就出来了)……"这样的文章读起来好像很有先秦古风,其实是很不通顺的。欧阳修对这种盲目复古的文风非常不满,就顺着原文的韵脚,提起笔来向下续写了两句:"秀才剌,试官刷!"意思是这秀才行文乖张别扭,肯定会被主考官刷掉的。在欧阳修等人的努力下,"写文章不说人话"的文坛怪风终于得到了纠正,为此后提倡"文从字顺"的诗文革新运动奠定了初步的基础。

欧阳修在诗文写作上对自己的要求比对别人更加严格,即使在成为文坛领袖之后,他仍然经常拿出自己以前写的文章,认真地进行修改。欧阳修夫人心疼丈夫的身体,就开玩笑地对他说:"又不是小孩子了,还费这个心干吗?难道还怕先生骂你吗?"欧阳修笑道:"不怕先生骂,却怕后生笑。"正是这种对文字的认真敬畏态度造就了一代文学巨匠欧阳修。

欧阳修晚年自号六一居士,有朋友问他:"六一什么意思呀?"他说:"我家藏书一万卷,集录三代以来金石遗文一千卷,有琴一张,有棋一局,桌上常有酒一壶。"朋友更加好奇了:"这才五个一呀!第六个一是怎么回事呢?"他哈哈一笑,指着自己说:"我这一个老翁,老于此五物之间,不正好是六一吗?"

司马光砸缸的几个小细节

在一个电视节目中,著名古董收藏家马未都对司马光砸缸的故事提出了质疑。

按照马未都的看法,司马光砸缸是一个假故事,他的证据是——根据考古学的发现来看,宋朝人还烧不出可以让一个孩子掉进去的、直径一米左右的大缸。另外,用来盛水的缸内外通常上釉,非常坚固结实,破坏难度很高,除非天生神力,否则别说七岁小孩,即使成年人也没有办法砸破。

但是,人家《宋史·司马光传》说得清清楚楚,明明白白,司马光砸的并不是缸而是瓮,原文如下:

光生七岁,凛然如成人,闻讲《左氏春秋》,爱之。退为家人讲,即了其大旨。自是手不释书,至不知饥渴寒暑。

群儿戏于庭,一儿登瓮,足跌没水中,众皆弃去,光持石击瓮破之,水迸,儿得活。

如果用现代语来讲述，故事的发生是这样的：

司马光七岁的时候，已经非常稳重，俨然一个小大人。他听到老师讲解《左氏春秋》，喜爱得不得了，放学之后给家人讲一遍，就完全明白了其中的内涵。从那以后，他就再也放不下这本书了，甚至到了忘记饥渴、不管寒暑的程度。

一天，司马光正跟小伙伴们在院子里玩耍，忽然有个小孩站到了大瓮沿上，紧接着失足掉进了盛满水的瓮里，别的孩子都把他抛下跑了，司马光却从地上搬起一块大石头，使劲向水瓮击去，于是水涌出来，小孩得救了。

读到这儿，年轻的朋友们肯定会心生疑问：那么什么是瓮呢？瓮容易打破吗？司马光破瓮怎么变成了司马光砸缸了呢？

瓮是一种腹大口小的陶器，用来盛放水、酒、粮食等。陶器是很容易被打破的，瓮也不例外。至于破瓮为什么演变成了砸缸，大概一是因为砸缸比破瓮读起来更响亮，而且"司马光砸缸"前后押韵，比"司马光破瓮"读起来更流畅；二是因为随着时间的流逝，结实的缸越来越普遍，而脆弱的瓮越来越罕见了吧。

但是，从总体上来看，在古代社会，瓮比缸要更为常见，因为关于瓮的成语随手拈来，比如瓮中捉鳖、请君入瓮、瓮声瓮气、瓮牖绳枢、抱瓮灌园、饭囊酒瓮，而关于缸的成语却是凤毛麟角，好像只有一个"醯酱千缸"。

关于司马光破瓮，还有一个问题值得商榷，就是故事发生的地点和时间。

按照通常的说法,司马光是大宋陕州夏县(今山西夏县)人,但是,他实际上生于郑州光山(今河南光山),时间是1019年。

司马光出生时,他父亲司马池正在光山做知县,他名字中的光字很可能就和光山有关。

古人习惯以虚岁来计算年龄,而虚岁通常比周岁要多一岁,因此,古人心目中司马光七岁那一年实际上并不是他七周岁那一年,即1026年,而是他六周岁那一年,即1025年。

那么,1025年时还是孩子的司马光生活在哪里呢?答案可能是光山,但更可能不是光山。

为什么这么说呢?咱们先来看一看司马光父亲司马池在1025年前后的官场任职经历。

根据宋史的记载,司马池光山任满后,被他的上级光州知州盛度推荐到中央政府任秘书省著作郎,后出京监督安丰酒税,再后来又调到小溪县(在今四川遂宁市境内)任知县。然后在天圣三年(1025年),应河南府(治所在今河南洛阳)知府刘烨之邀任司录参军。

如果司马光在1025年之前跟随父亲司马池离开了光山,那么司马光破瓮不可能发生在光山,但可能发生在京城开封、安丰、小溪和河南府府城所在地洛阳;如果司马光一家在1025年离开了光山,那么这个故事可能发生在光山,也可能发生在上述四个地方。

总而言之,司马光砸缸的历史真相是司马光破瓮,这个故事发生的时间应该是 1025 年，发生的地点难以确定，基本可以确定的是司马光的出生地是河南光山。其实这些都不是最重要的，最重要的是司马光在破瓮救人时表现出的临危不乱、急中生智的精神品质，正是因为此精神此品质，司马光小时候发生的这个故事才会从宋朝一直流传到现在，并且将继续流传下去……

"神宗"不是个好谥号

当年在历史课上学习王安石变法时,王安石是以高大全的改革家形象进入笔者脑海的,自然就"爱屋及乌"地顺带着向他的老板宋神宗表示了崇高的敬意。当时觉得这个皇帝不但有大刀阔斧搞改革的魄力,还挺会起名号的,不叫文宗,也不叫武宗,不叫高宗,也不叫中宗,却别出心裁地起了个神宗,让人立马因为和神仙沾边而高看他一眼。

后来,虽然知道了文宗、武宗、神宗等称呼属于皇帝驾崩后臣子们给他们上的谥号,还是感觉宋神宗应该是个了不起的皇帝,是个有着丰功伟绩的皇帝,否则,臣子们就不会给他奉上"神宗"这个神圣而高贵的谥号。

再后来,发现明朝还有一个神宗,就是大家熟悉的那位几十年不上朝,派出税监到全国各地搜刮民脂民膏的万历皇帝。然后就想,给万历起谥号的这些明朝大臣真是瞪着眼睛说瞎话,竟然让这个数一数二的混账皇帝享用"神宗"这个非常正面的谥号。

然而,笔者其实犯了望文生义的错误,"神宗"这个谥号和人人羡慕的神仙连一毛钱的关系也没有。

进入正题之前,先侃侃大家熟悉的谥号的含义——

慈惠爱民曰文,如周文王,汉文帝;

克定祸乱曰武,如周武王,汉武帝;

爱民好与曰惠,如汉惠帝,明惠帝;

温文敦厚曰仁,如宋仁宗,明仁宗;

慈惠爱亲曰孝,如宋孝宗,明孝宗;

死于原野曰庄,如命丧兵变的唐庄宗;

追悔前过曰思,如亡国之君明思宗,即崇祯皇帝;

早孤短折曰哀,如唐哀帝,金哀宗;

去礼远众曰炀,如众叛亲离,身死国灭的隋炀帝。

那么,"神"作为谥号有什么含义呢?原来民无能名曰神。

"民无能名"究竟是什么意思呢?

用现在的话说就是老百姓不知道怎么说,说你好吧,不甘心,说你坏吧,不忍心,一心要改革变法,富国强兵的赵顼(宋神宗的尊姓大名)在被盖棺论定时怎么会得了这么一个表面上不好不坏,实际上含有贬义的谥号呢?

原来,历史上的王安石变法并不像中学历史书上所写的那样正面积极,利国利民。宋神宗和王安石推行变法时,怀着一片好心,却做了一堆错事,乃至坏事。因为用人不当,新法存在弊端等原因,变法搞得大宋朝腐败横行,民怨沸腾,党争不断,最终四十年后在女真人的铁蹄下走向了灭亡。

正所谓,"神宗"不关神仙事,是非功过身后知。

苏东坡在苏州

苏州是一座饮誉中外的历史名城,很多文化名人都与这座城市有着剪不断的情缘,比如大诗人韦应物、白居易;大画家唐寅(即唐伯虎);著名文学家叶圣陶、陆文夫等,其中有一位特别值得一提,因为他和苏州都姓苏,他就是爱开玩笑的大文豪苏东坡。

苏东坡是一个有着传奇人生的大才子,而本文要讲述的他和苏州之间的三个故事中至少有两个充满传奇色彩。

苏东坡并没有在苏州做过官,但他在杭州、湖州做过太守。在常州居住时,经常乘舟沿运河北上或穿越太湖到苏州会友游玩。关于苏州之行,他曾经说过这样一句趣味十足的话语——过姑苏,不游虎丘,不谒闾丘,为二欠事。虎丘自然是指"吴中第一名胜",以虎丘塔而驰名的虎丘山,那么,闾丘是怎么回事呢?

故事要从苏轼被贬黄州说起。

1079年,乌台诗案发生,苏东坡因为讪谤朝政(当然是被诬陷的)而被贬到黄州(今湖北黄冈)做有职无权的团练副使,同时还要接受太守等上司的监管。幸运的是,当时的黄州太守闾丘孝终相信苏东坡是被冤枉的,并且非常欣赏他的才华,不但没有敌视苏东坡,还与他成了无话不谈的好朋友。

等到苏东坡于1089年第二次任职杭州时,年过花甲的间丘孝终已经告老还乡了,而他的故乡就在离杭州不远的苏州。

"小隐隐于野,大隐隐于市",间丘孝终就是一个居住在苏州城内的大隐,他还是笑傲人间的"吴中十老"之一,可谓既能诗酒风流,又可淡泊宁静,这正合了苏东坡的口味,而他们又是多年故交,所以苏东坡每次游历苏州都会去间丘孝终居住的小巷拜会这位老友,否则就会觉得少了什么似的,二人情谊于此可见一斑。

苏东坡为间丘孝终所写的一阕词也可以作为二人友谊的见证:

一别姑苏已四年,
秋风南浦送归船,
画帘重见水中仙。
霜鬓不须催我老,
杏花依旧驻君颜,
夜阑相对梦魂间。

间丘孝终居住的那条小巷后来被称为"间丘坊",今天我们在苏州城内仍然能找到这条小巷,就在人民路因果巷北面不远处。

虎丘和间丘这"二丘"之外,苏东坡在苏州时经常拜访的另一个地方是定慧寺。定慧寺里有一个带发修行的佛教徒名叫卓契顺,他后来做了一件令苏东坡刻骨铭心、永生难忘的奇事。

众所周知，上有天堂下有苏杭，众所不知的是，北宋时常州的宜兴（现在属于无锡）是个堪比苏杭的好地方。苏东坡去常州访友时对宜兴一见钟情，并且在那儿买了田，安了家，但他长期各地为官，所以主要是他的长子苏迈在宜兴居住。

1095年，苏东坡被贬到了远离中原的惠州，惠州当时属瘴疠之地，苏迈非常担心父亲的身体，可是既收不到惠州来信，也不能往惠州寄信，因此心急如焚，寝食难安。仰慕苏东坡的卓契顺碰巧知道了这件事情，他找到苏迈，说出了一句充满哲理的话："惠州不在天上，只要不停地走，总是能走到的。"卓契顺自告奋勇远赴惠州送信，苏迈难却盛情就同意了。

卓契顺晓行夜宿，跋山涉水，三个多月后终于到达了惠州，见到了苏东坡。苏东坡得知详情，深受感动，一定要重重感谢卓契顺，卓契顺又说出了一句可比哲言的话："我正因为无所求，才到惠州来的。如果有所求的话，早就往汴京去了。"

苏东坡被贬惠州时，他的长子苏迈为什么不能给他寄信呢？因为当时还没有民间的邮政服务，只有官员才可以借用政府的驿站寄送家信。

除此之外，宋朝官员还有一项特别福利——公务之余，他们可以欣赏官妓的歌舞表演，还可以接受官妓的陪酒服务。需要说明的是，宋朝的官妓卖艺不卖身，如果政府官员和官妓发生不正当关系，二者都会受到严重惩罚，南宋女词人严蕊就曾经遭遇过这样的事情，当然她是被冤枉的。后来在岳飞的儿子岳霖的帮助下,她得以无罪释放,从而留下了那首词史流芳的《卜算子》。

苏东坡在苏州游玩时,曾经参加过几次当地官员组织的有官妓在场聚会宴饮活动。他的名气和才华自然会成为宴会的焦点,也会成为吟唱诗词的官妓们关注中心,而他又是个特别善于交朋友的人,于是,他在苏州官妓中有了一个红颜知己。

1074年,苏东坡离开杭州沿运河北上,到密州(今山东诸城)继续在京外四处漂泊的仕途。当他从苏州阊门经过时,忽然听到了熟悉的歌声,原来与他互为知己的那位官妓一直在那儿等着为他送行。苏东坡被红颜知己的一片真情所感动,当场泼墨挥毫写下了一首《醉落魄·苏州阊门留别》:

苍颜华发,故山归计何时决。旧交新贵音书绝,惟有佳人,犹作殷勤别。

离亭欲去歌声咽,潇潇细雨凉吹颊。泪珠不用罗巾浥,弹在罗衫,图得见时说。

看到此处,细心的朋友肯定会问:苏东坡的好朋友阊丘孝终为什么没有前来为他送行呢?要知道,苏东坡和阊丘孝终相识相交是在1079年,这时他们互相还是素昧平生的陌生人,而且那时候阊丘孝终也不在苏州。

黄庭坚：开玩笑也要找对人

在大家的印象里，宋代大诗人黄庭坚是一位成熟稳重，甚至有一些老气横秋的老夫子。殊不知，他其实是一个风趣幽默，精力旺盛，爱开玩笑爱恶搞的老顽童。

黄庭坚有一个同事兼朋友名叫顾子敦，此公曾经多次受到黄庭坚的"虐待"。

要说这位顾子敦，虽然在历史上不像黄庭坚一样鼎鼎大名，却也不可小觑，他和苏轼、苏辙、黄庭坚、曾巩都是好朋友，四位大文人都为他写过送行诗，比如苏轼的《送顾子敦奉使河朔》，黄庭坚的《送顾子敦赴河东三首》。

顾子敦身材魁梧，又高又胖，人称"顾屠夫"，胖人大多睡觉有瘾，顾子敦也不例外，因此又得了个外号叫"嗜睡大臣"。夏天天热，老顾的睡瘾特别大，上班时老在办公室打瞌睡，有时候撑不住就做起了白日梦。每次顾子敦一睡熟，黄庭坚就在他肚子上写字，顾子敦对老朋友无可奈何，只得改成趴在桌子上睡，醒了之后发现肚皮上空空如也，不禁眉开眼笑，扬扬得意起来："黄九（黄庭坚排行第九），这下你小子没招了吧！"

回家之后，顾子敦的老婆看见他背后仿佛有字，脱下衣服一看，不由得又气又笑。原来，黄庭坚趁他伏案而睡之际，把市面上小流氓文身时经常用的词儿写在了他的后背上。

黄庭坚恶搞顾子敦搞出了交情，而他恶搞赵挺之搞出的却是仇恨。

赵挺之这个人物大家可能不是很熟，说出他的儿媳妇来肯定会跌你一溜跟头，谁呢？就是中国文学史上空前绝后的女词人李清照。虽然赵挺之有个好儿子——金石学家赵明诚，有个好儿媳——大词人李清照，但他本人却是个权欲熏心、心狠手辣的卑鄙政客。

黄庭坚曾和赵挺之同在国子监工作，黄庭坚鄙视赵挺之的为人，有时候就顺便整他一下。

当时，国子监的领导员工们都在单位吃食堂，每次食堂的师傅来问领导想吃啥，赵挺之都操着山东诸城老家的口音说：来日吃蒸饼。

某日，同事们在一起聚餐，黄庭坚出一酒令：每人说五个字，最后合成一个。赵挺之绞尽脑汁地想了半天说："禾女委鬼魏。"黄庭坚应声回答："来力勒正整。"正是诸城话"来日吃蒸饼"的谐音，同事哄堂大笑，赵挺之被弄得下不了台，一下子从脸红到了脚后跟。

赵挺之曾经跟大伙儿吹牛："我们家乡最看重文章，我每次给人家写传记，人家都要送一大车东西当稿费。"满腹才华、心高气傲的黄庭坚脱口而出："那是满车的萝卜咸菜吧。"赵挺之又一次闹了个脸红脖子粗。

心胸褊狭的赵挺之可不像顾子敦那么敦诚厚道,他自此恨黄庭坚入骨,暗暗发誓将来要找个机会秋后算总账。

后来,黄庭坚到荆州带薪休假,结识了荆州的一把手,二人一见如故,聊得相当投机。当时荆州城内的承天寺新落成的一座佛塔需要写一篇碑文,于是荆州太守就邀请黄庭坚选个黄道吉日现场撰写。

那一天,全城百姓和官员都聚集在塔下,一边游览风景,一边欣赏大书法家大才子黄庭坚题写碑文。黄庭坚龙飞凤舞写完碑文之后,顺手签了名,接着又写上了出钱立碑的人的名字。

当时有个叫陈举的官员恰好站在黄庭坚身边,他仗着和黄庭坚相识就想把自己的名字也写上,以便刻在石碑上留名后世。为人耿直一根筋的黄庭坚不肯卖这个顺水人情,就装作没听见,没搭理他。此事要是搁在别人身上也就这样过去了,但陈举是个典型的小人,他不但怀恨在心,而且立即展开了报复行动。

陈举是个熟悉官场故事的家伙,他知道黄庭坚当初曾经恶搞过赵挺之,两人之间结下了很深的梁子,他更知道已经位居宰相的赵挺之一直在伺机报复黄庭坚。于是,陈举就给赵挺之上书,污告黄庭坚的碑文诽谤政府。

赵挺之见到陈举的举报信如获至宝,心想:黄庭坚呀黄庭坚,这次总算叫我抓住你的小尾巴了,有你的好果子吃!于是,大笔一挥,以"幸灾谤国"罪把黄庭坚一竹竿子戳到蛮荒偏僻、瘴疠遍地的广西宜州去接受劳教管制。

宜州的官员知道黄庭坚是当朝宰相的仇人，不肯给他安排合适的地方居住，就让他住在城墙上的戍楼里。戍楼极其狭小，热天漏水冷天灌风，但乐观风趣的黄庭坚仍能随遇而安，自得其乐。

崇宁四年（1105年）九月三十日，干渴多日的宜州下了一场小雨，酷热天气为之一新，变得凉爽无比，关心农事关爱百姓的黄庭坚喜不自胜，叫来好友范寥喝了几两小酒。酒饮微醺后，黄庭坚把双足伸到栏杆外淋雨，当清凉的雨点落到脚面上时，黄庭坚兴奋地回头对范寥说："真爽啊！信中（范寥的字），我一辈子没有这样快活过！……"

不幸的是，一语成谶，话刚说完，黄庭坚就向后一仰，溘然长逝了，其时也，他身在故乡千里之外，身边没有一个亲人。

赵挺之得到黄庭坚客死异乡的消息时，脸上肯定露出了得意的笑。从生命的长度来看，笑到最后的好像是他，但从历史的长度而言，笑到最后的无疑是因为开玩笑而被他间接害死的黄庭坚。

苏小妹是这样诞生的吗?

苏小妹与秦观的爱情故事千百年来一直为人们所津津乐道,秦观那首脍炙人口的《鹊桥仙》更成了二人忠贞不渝爱情的见证。但实际上秦观的作品中并没有出现过苏小妹的身影,苏东坡在诗文里也从未提及这个聪明伶俐的妹妹,宋代史书中也完全找不到关于苏小妹的片文只字,所以这一切都在告诉我们,苏小妹其实是一个纯属虚构的文学人物。

那么,苏小妹这个温柔可爱的古典美女形象是怎样形成的呢?要想解开这个谜,还应从她传说中的夫君秦观说起。

秦观秦少游在家中排行老大,下面有两个弟弟,老二秦觌,字少仪,老三秦觏,字少章。秦觌和秦觏在历史上虽远不如秦观名气大,北宋时可都身居名士之列,秦觏更是略胜一筹,他的名字曾多次出现在苏轼、黄庭坚等文学大家的诗词文章之间。

秦觏在宋哲宗元祐六年(1091年)得中进士,随后被朝廷安排到现在的杭州一带为官,先后做过临安主簿、钱塘尉等职位。据宋朝人何薳的《春渚纪闻》卷七记载,秦觏于杭州期间结识了一位新朋友，名叫司马才仲，当时正在杭州太守府中做幕僚。司马才仲也是个有学识能诗词的青年才俊，他和大历史学家司马光属于同一家族，是在大文豪苏轼的荐举下来到杭州入幕为官的。

司马才仲和秦觏一见如故，相遇恨晚，很快就成了无话不谈、亲密无间的好朋友。一天，二人一起谈诗论文时，司马才仲说起了他在洛阳时曾经做过的一个奇怪而美丽的白日梦。

那是一个春意阑珊的日子，惜春心重的司马才仲不经意间在书案上睡着了，睡梦中他邂逅了一个清丽可人的江南女子，那女子对他情深款款，却又若即若离，隔着白纱帘幕吟唱了一首词的上半阕——妾本钱塘江上住。花落花开，不管流年度。燕子衔将春色去。纱窗几阵黄梅雨。司马才仲慕其人亦爱其词，就向那女子请教曲名，答曰《黄金缕》，询问芳名，自称苏小小并且与他相约"后日相见于钱塘江上"。特别巧合的是，司马才仲来到杭州后的住所恰恰与苏小小墓紧紧相邻，于是，苏小小每夜都会进入司马才仲梦里与他缠绵缱绻，一如隔世夫妻一般……

苏小小何许人也？乃是南朝萧齐时的钱塘名妓。她虽沦落风尘，却洁身自爱，一直梦想着有朝一日与心上人儿双宿双飞，举案齐眉。后来他与一个叫阮郁的宦门公子相爱了，而且爱得轰轰烈烈，满城风雨。可是不久阮郁的父亲听闻了此事，他严厉地将阮郁召回家中，再也不许儿子与苏小小往来。苏小小因为阮郎相思成灾，继而染上了风寒，最终病重不治，香消玉殒。

此后的文人雅士，比如白居易、李贺、杜牧、李商隐等著名诗人，对苏小小的不幸经历多有题咏,以至于苏小小成了薄命红颜的代称,很可能司马才仲梦见苏小小就是在他读了古人咏叹苏小小的诗作之后。

秦觏对苏小小在司马才仲的梦中所吟唱的那半阕词非常感兴趣,他稍作思索,提笔为其续写了下半阕:斜插犀梳云半吐。檀板轻笼,唱彻《黄金缕》。梦断彩云无觅处。夜凉明月生春渚。

秦觏续词本是随兴之举,却无意间令司马才仲更深地陷入了对苏小小的爱恋。他白天刻骨相思,夜间梦中相会,时日一长,虽然是"衣带渐宽终不悔",但的确"为伊消得人憔悴"了。不到一年的光景,司马才仲已经病入膏肓,奄奄一息。

有一天,一个和司马才仲相识的船工在渡口看见他与一红妆丽人携手登上了停在那儿的画舫,然后,突然"火起舟尾",一切都在刹那间消失不见了……那船工大惊失色之下,急急忙忙赶往杭州府衙报信,等他到达府衙门外时,人家根本不相信他的话,因为重病之中的司马才仲在寓所刚刚过世,怎么可能于河边津渡现身呢?直到彼时,船工才意识到自己看见的可能是司马才仲的鬼魂。

司马才仲的这个故事在苏门四学士之一张耒的《柯山集》卷四十四中亦有相似记载,可见当时还是流行颇广的,后来慢慢淡出人们视野,不再为民众所熟知。据笔者推测,应该是因为它的光芒被与其关系密切的另一个故事所遮盖之故,这"另一个故事"就是苏小妹与秦观的爱情传奇。

司马才仲的悲情经历传开后,人们关注的焦点逐渐从他的奇遇转到了那阕《黄金缕》身上，因为地球人都知道，正如唐朝是诗的天下一样，宋朝乃是词的天下，而苏小小、司马才仲和秦觏共同完成的那首《黄金缕》又的确堪称婉约词的佳作。于是，伴随着时间的流逝，人们就将婉约派代表人物、大词人秦观拉进这个故事替代了他同胞弟弟秦觏的位置。

说起秦观，人们就会想起那首脍炙人口的婉约词扛鼎之作《鹊桥仙》，其中"两情若是久长时，又岂在朝朝暮暮"两句早已深入人心。当秦观、《鹊桥仙》、苏小小这三个意象在司马才仲和秦少章的无意撮合下走到一起时，想不产生点风流韵事都难。但苏小小毕竟是比秦观早了七百年的古代女子，两个人之间无论如何也不会发生花好月圆而又真实可信的爱情故事。这时，秦观"苏门四学士"的身份给了人们灵感，很快，苏门掌门人苏东坡就有了一个聪明伶俐、慧中秀外的妹妹苏小妹，并且在经过一番充满喜气的波折之后，有情人终成眷属，和秦观结为百年之好。

后来，秦观与苏小妹喜气洋洋的爱情故事越传越广，尽人皆知，而作为其前身的司马才仲舍命幽会苏小小则逐渐被人遗忘了。

苏小妹是怎样诞生的，我们目前尚无定论，只能做如上猜测，但她是一个虚构人物毫无疑问，毋庸置疑，因为关于秦观的妻子徐文美历史文献中是有明确记载的。这个文献不是别的，正是秦观自己笔下的《徐君主簿行状》，此文乃秦观为其岳父所写传记，文章末尾是这样说的："徐君女三人，尝叹曰：子当读书，女必嫁士人。以文美妻余，如其志云。"

大宋名人一家亲

苏东坡、王安石、蔡京、秦桧、李清照都是大家非常熟悉的宋代名人,其中既有正面人物,也有反面教材,有的流芳百世,有的却遗臭万年,但实际上他们当时都身在上层阶级之列,而且相互之间有着千丝万缕,剪不断,理还乱的关系。

众所周知,苏东坡门下有四个成就卓然的弟子,分别是黄庭坚、秦观、张耒、晁补之,在历史上称为"苏门四学士"。其实,"苏门四学士"之外,还有一个并称是"苏门六君子",成员为"苏门四学士"加上陈师道和李廌。

陈师道与杜甫、黄庭坚、陈与义同为江西诗派的"一祖三宗",是北宋时期一位颇有成就的诗人,可是他的仕途却因为清高孤傲的性格一再受挫,因而始终屈沉下僚,日子当然也不宽裕,以至于有时衣食无着,饥寒交迫。

陈师道的妻子郭氏不忍丈夫出门办事时衣薄挨冻,就向贵为高官夫人的胞妹借了一件皮衣给丈夫御寒。陈师道知道后非常生气,宁肯受冻也"不着渠家(他家也,作者注)衣",因为他对两乔儿赵挺之的为人极为不屑。

赵挺之的确是个人品不高的家伙，不仅趋炎附势，而且公报私仇，黄庭坚一贬再贬最终病死贬所就是拜他所赐。出人意料的是，赵挺之竟然有一个不错的儿子，不是别人，正是杰出女词人李清照的丈夫，金石学家赵明诚。

李清照夫妇原本在山东青莱一带过着无忧无虑、诗词唱和的神仙日子。靖康之变后，李清照先经历了亡国之悲，避难江南，又遭遇了丧夫之痛，流落异乡，不久即陷入了缺衣少食的人生窘境。她本来可以向一人之下万人之上的表妹夫秦桧求助，但"至今思项羽，不肯过江东"的女词人根本没有考虑过这个选择。

秦桧怎么成了李清照的表妹夫呢？原来，秦桧的老婆王氏的老爸乃是李清照的亲舅舅，李清照的母亲乃是王氏的亲姑妈，她们两个之间是砸断骨头连着筋的姑舅亲，就如《红楼梦》中宝玉和黛玉的关系。

显而易见，李清照的外祖父就是秦桧老婆王氏的爷爷，这个老人家姓王名珪，在北宋中期是与王安石、司马光齐名的宰相级人物。

王安石乃一代名相，蔡京则是臭名昭著的奸相，殊不知，他们两人之间也有姻亲关系——蔡京的亲兄弟蔡卞是王安石正儿八经的闺女女婿。蔡卞和哥哥蔡京一样是个书法家，但兄弟二人的关系却是出了名的不好，主要是由于蔡卞和蔡京政见多有不同，而且蔡卞反对蔡京和宦官童贯打得火热。

蔡京当宰相时，身边有一个名叫曾布的副宰相，这个人是谁呢？

唐宋八大家之一曾巩的亲兄弟,曾布虽然在历史上的名气不够大,名声也不够好,他却有一个知书达理、吟诗填词的好老婆——魏夫人。魏夫人名玩,字玉汝,一看名字就知道是大家闺秀出身,她是和李清照齐名的女词人,名句"隔岸两三家,出墙红杏花"即出自她的笔下,很可能南宋诗人叶绍翁的"满园春色关不住,一枝红杏出墙来"就是受了魏夫人诗句的启发。既是理学大家又是大诗人的朱熹在《朱子语类》卷一四〇中曾云:"本朝妇人能文,只有李易安与魏夫人。"

曾布之所以名声不够好,最重要的原因就是和蔡京曾经关系不错,另外,他还差点和另一个大奸臣高俅扯上关系。

高俅原是苏东坡的一个小书童,因为聪明乖巧,字写得又快又好,颇受苏大诗人喜欢。1093年,苏轼从翰林侍读学士外调到中山府的时候,曾经打算把想留在京城的高俅送给曾布,但是曾布没要,于是苏轼就把高俅送给了神宗皇帝的妹夫王诜,当时如果曾布接受了高俅,北宋王朝的历史很可能就会改写。

历史上的情痴段誉

武侠大师金庸的《天龙八部》是最为大家熟悉的作品之一，书中的第一男主角段誉也以其天下第一情痴的形象深深走进了亿万读者的心中。虽然段誉不像他的伯父段正明和他的父亲段正淳一样史上确有其人，但绝对是有着人物原型的，这个人就是大理国的第十六个皇帝，后大理时期的第二个皇帝段和誉，又名段正严。

大理国创建于五代十国时期的937年，第一任皇帝是原南诏大将段思平，都城的名字非常有趣，叫羊苴咩，就在今天的云南大理太和村一带。大理国举国上下都尊崇佛教，国内佛香缭绕，因此得了个美名叫妙香国。段思平当年开国时，身边有一个重要大臣叫高方，因功被封为岳侯，世代相传。11世纪后半期，岳侯高方的后人高智升、高升泰父子因平叛有功慢慢控制了大理国的朝政大权，以至于到了可以废立皇帝的地步。1081年，高氏父子拥立段正明为帝，大理历史进入了"天龙八部时代"。段正明是个不错的皇帝，节俭朴素，宽厚仁慈，但还是在十三年后被权欲熏心的高升泰逼得"禅让"皇位出家为僧。

高升泰登基做了皇帝，改国号为"大中国"，但不到两年就中风瘫痪，嘴歪眼斜，病入膏肓了。身为佛教徒的高升泰认为自己因为篡位得到了报应，为了死后不入十八层地狱，他临死前命令儿子高泰明把皇位还给段氏家族。高泰明遵从了父亲的遗命，把段正明的弟弟（有资料认为是儿子）段正淳推上了皇位，并且恢复了大理国号。

从段正淳即位开始，云南历史进入了后大理时期，这一年是1096年。此后的两个半世纪中，高泰明家族世袭大理相国，始终掌控着朝政，而段氏皇族则成了象征性的国家元首，一直生活在高氏家族的阴影中。段正淳做了十二年皇帝后，把皇位让给儿子段和誉，自己出家为僧了。

段和誉登上皇位时正是一个二十六岁的热血青年，但是面对大权旁落，高氏势盛的残酷现实，他不得不像已经退位的父亲一样忍气吞声，谨慎行事，这和我们印象中那个无忧无虑、无拘无束的段公子简直是隔着十万八千里。俗话说"兔子急了还咬人呢"，何况段和誉是个年轻气盛、血气方刚的皇帝呢，终于有一天他忍不下去了，冒着风险做出了还击，引起了严重的后果。

相国高泰明去世后，他镇守各地的儿子们回京奔丧，段和誉事后在宫中摆酒为他们接风洗尘并表示慰问。高泰明的一个儿子高智昌一不小心喝高了，竟然当着朝中重臣的面对皇帝段和誉说出了这样的话："段家为帝了不起，若无我高家保主，主子将做崖下鬼。如今皇帝本属我，是我父听阿爷言而让位段正淳。你段和誉当上皇帝，我就不服。"段和誉觉得自己的尊严受到了不能容忍的侵犯，以忤逆罪判高智昌流放南方的瘴疠之地，没想到高智昌的公子哥身板根本经不起折腾，不到半年就一命呜呼了。

段和誉听到这个消息，既后悔又遗憾，一面派人安抚高智昌的家眷，一面为他举行盛大法事超度亡魂，就在法事进行的过程中，可怕的事情发生了。

高智昌有两个对他非常忠心的手下，一个姓伊，一个姓何，二人决意要为主公报仇。在段和誉亲自出席法事这天，他们乔装打扮暗中埋伏在地藏寺大门之后，一见段和誉走了过来，立刻手持利刃冲了上去，段和誉身边的侍卫可都不是白给的，三下五除二就把这两个刺客生擒活捉了。伊、何二人早就抱定了必死的决心，被擒之后对阴谋弑君之罪供认不讳，引颈待死，但是，段和誉感其忠义，赦免了他们的滔天大罪，命令侍卫放他们出寺。伊、何二人也不是一般的人物，他们见报仇无望，当场自刎而死，段和誉特意建义士冢葬之表其忠义。金庸先生选择段和誉作为原型创造出段誉这个文学形象应该和以上的侠义情节不无关系。

虽然段和誉不能自由地按照自己的意愿施政治国，但他还是尽最大努力任用贤臣，关爱民众，也因此得到了大理百姓的爱戴和拥护。作为一个有国无权的帝王，段和誉最大的政绩在于外交方面，因为尽管高氏家族专权朝政，大理国与别的国家的来往交流还是需要皇帝出面。段和誉在位期间，多次派人到宋朝都城访问求学，不但促进了汉族地区和大西南的文化交流，还使大理和宋朝的国家关系达到了空前的友好和谐，此后也没有哪个时期可以超越。

段和誉年近花甲的时候，又遭遇了高氏专国之外的新困境——诸子争位，而且每个争夺皇储的儿子身后都有高氏权臣的身影。段和誉不愿看到儿子们同室操戈，骨肉相残，却无计可施，徒呼奈何，最终他选择了远离红尘，禅位出家，不再过问世事，从此在崇圣寺等清净之处过起了青灯古佛相伴，诗书琴画自娱的世外生活。段和誉出家为僧后法名广弘，于九十四岁高龄时仙逝山中，比通常所说的最长寿的皇帝乾隆还多享了六年的寿数。

最后说一说诸位肯定非常关心的两个话题，一个是段和誉身边的美女，一个是段和誉身上的武功。

段和誉身为大理皇帝，妻子肯定不止一位，可她们几乎都没有留下名字，我们所知的就是他的皇后姓王，和段誉钟爱的神仙姐姐王语嫣同姓。段誉的凌波微步、六脉神剑、北冥神功、一阳指等武林绝技段和誉不一定拥有，但段和誉武艺超群是没有疑问的。据大理重要史书《无为寺传灯录》记载："后大理国二世国君段和誉，幼喜刀戈，七岁入学，就学于龙苑六铉大师……六铉学识渊博，文韬武略，与中原周侗（岳飞师傅，《宋史》有载）齐名……六铉喜誉慧根超群，与妙澄大师共授技于和誉。妙澄大师入白崖水目寺，誉从之。澄授誉六门妙法，皆异术奇门。"这应该也是金庸先生根据段和誉写出段誉这个武侠人物的原因之一。

梁山好汉的历史真相

经典名著《水浒传》为我们描绘了一幅一百零八位好汉啸聚梁山水泊,对抗昏庸朝廷,大碗喝酒,大块吃肉,风风火火闯九州的壮阔画面,令人热血沸腾,心潮澎湃。可惜的是,后来梁山好汉在宋江的带领下接受了皇帝的招安,他们北破辽国,却因谗言而徒劳无功,南征方腊结果是同类相煎损兵折将,十停只剩三停,而宋江等更是被毒身亡,冤死异乡。《水浒传》家喻户晓,影响深远,以至于不少人将其误作历史来看,实际上,其中的绝大多数内容是作者虚构的。那么,历史的真相又是怎样的呢?

历史上的梁山好汉并没有《水浒传》中那么多,只有三十六位,大体与一百单八将中的三十六颗天罡星相当,这三十六人逼上梁山的情形恰恰是一百单八将群雄聚义归水浒的缩写本或袖珍版。

故事的发生是这样的。

话说大宋宣和初年,道君皇帝徽宗赵佶在赏遍了书画珍宝,盖尽了殿宇楼台,玩腻了变法游戏之后,忽然对江南的奇石异草产生了莫大的兴趣,一道圣旨下去,贪官污吏们就没头苍蝇似的忙活起来了，于是，一个历史名词应运而生——花石纲。

所谓花石纲就是当时专门运送奇花异石以满足徽宗皇帝喜好的大型船队，一般是十艘船称为一"纲"。当时指挥花石纲运输的是在杭州特设的"造作局"和在苏州特设的"应奉局"等，这些局的官员奉皇上之命对东南地区的珍奇文物进行搜刮。花石纲所过之处，当地的百姓必须供应钱谷和民役，有的地方为了让船队通过甚至要拆毁桥梁，凿坏城郭，因此徽宗的这一爱好让江南百姓苦不堪言。据《宋史》记载，花石纲之役，"流毒州县者达二十年"。花石纲最终成了激起方腊起义的重要原因之一，同时，也是梁山好汉聚义造反的一个起因。

当时，负责花石纲的最高一级官员是一个叫朱勔的家伙。此人原本是个二流子，因为臭味相投成了蔡京、童贯的狐朋狗友，就一路扶摇直上，当上了苏州"应奉局"的一把手，开始了欺压安善良民、搜刮民脂民膏的贪官生涯。

又一批花石纲筹备完毕了，朱勔差遣杨志、卢进义（卢俊义原型）、林冲、王雄（杨雄原型）、花荣、柴进、张青（张清原型）、徐宁、李应、穆横（穆弘原型）、关胜、孙立十二人为制使，率人前往太湖等处搬运。这十二人意气相投，惺惺相惜，就对天盟誓结成了异姓兄弟，不能同年同日生，但愿同年同日死。当杨志等十一人押送花石纲到达颍州（今安徽阜阳）时，孙立却因故落在了后面，作为带头大哥的杨志就让卢进义等人先行进京，自己留下来等待孙立。

日子一天天过去，孙立却一直不见踪影，而杨志的盘缠已经用完了。无奈之下，杨志同志给祖传宝刀插上草标，抱到街市上去卖，以便换些钱填饱肚子，付清店钱，充作路费。俗话说，人倒霉了喝凉水都塞牙，这事就让杨志给碰上了！颍州城里有名的恶霸看上了杨志的宝刀，就牛不喝水强按头地想夺而走之，杨志怒从心头起，恶向胆边生，手起刀落，恶霸的脑袋瓜子就"咕噜噜"在地上滚起来了。

颍州知州大笔一挥，被迫杀人的杨志脸上刺字，发配卫州（今河南卫辉）。孙立赶到颍州时，杨志刚刚动身去了发配之地，他快马加鞭直奔京城汴梁，和卢进义等人商议如何拯救杨大哥。当杨志在解差的押送下到达黄河岸边时，卢进义带领十一个弟兄从天而降，杀掉解差，救下了杨志，而后，十二位好汉打马上山落草为寇去了。不过，他们去的不是梁山，而是太行山。

宣和二年（1120年）五月，北京大名府留守梁师宝（梁中书的原型）派县尉马安国一行人押送十万贯金珠、珍宝、奇巧缎物赶在六月初一之前到京城给太师蔡京上寿。消息很快传到了晁盖等人的耳中，他们就想劫下这笔不义之财，于是，晁盖、吴加亮（就是吴用）、刘唐、秦明、阮进（就是阮小二）、阮通（就是阮小五）、阮小七、燕青来了个八星聚义，确定了智取生辰纲的时间地点和行动计划。

当马安国一行走到五花营大堤上的田地里时，早已埋伏在此地等待他们留下买路财的八位好汉智力暴力并用劫走了价值连城的蔡太师的生日礼物。郓城知县尹大谅闻听此事，吓得出了一身白毛汗，连忙换了便服带着几个便衣衙役到五花营附近微服私访，寻找线索，最终，他们在前村的"酒海花家"查到了生辰纲的蛛丝马迹。尹知县回到县衙后立刻命令董平带领三十名兵士前往石碣村追捕晁盖等人。

螳螂捕蝉，黄雀在后。董平还没出发，县衙里的另一个人已经翻身上马奔石碣村而去，这个人就是宋江，他是晁盖的好友。有了宋江的报信，晁盖等人得以顺利逃脱，等董平带人赶到时，已是人去屋空，徒呼奈何了！宋江正暗暗欣喜自己神不知鬼不觉地做了一件大事时，没想到后院却起了大火，他的女人阎婆惜给他戴上了一顶绿帽子，姘夫名叫吴伟。一天，正当阎婆惜与吴伟在床上卿卿我我、缠缠绵绵时，碰巧宋江回来了，只见这个怒发冲冠的矮个子男人，二话不说，拿起一把刀冲了上去，"咔嚓"两声砍下了那对奸夫淫妇的脑袋。

杀了人的宋江不得不走上了逃亡之路，可是，天下虽大，却没有他这杀人凶犯的容身之处，只有一个地方例外，那就是晁盖等人占据的水泊梁山。逼上梁山之后，宋江凭着自己的恩德、人品和能力，很快成了梁山泊义军的领导人。他率领梁山泊义军转战南北，攻城夺县，力量日益增强，义军所到之处，杀贪官，除恶霸，打土豪，分田地，深受贫苦人民的拥护和爱戴。梁山泊义军的影响越来越大，并与太行山义军遥相呼应，附近的官兵闻风丧胆，无人敢撄其风，就连当初缉捕晁盖等人的衙役队长董平也反水上了梁山。

既然梁山泊周围的官兵已是惊弓之鸟，北宋政府只得从京城派来精兵良将征讨梁山泊义军。将门之后呼延绰（就是呼延灼）是这次围剿的主将,副手是刚刚改邪归正的海盗张横。

可惜这两个外来的和尚也念不好经,屡战屡败,但他们的确够坚强,屡败屡战。最后,皇帝的忍耐突破了极限,发出了最后通牒,然而结果却并不是皇帝老倌期望的破釜沉舟、背水一战,而是呼延绰和张横反叛朝廷"明珠暗投"了,宋徽宗搬起石头砸了自己的脚,也只有抱着脚丫子喊疼骂娘的份了。

很快,水泊梁山又添了不少新头领,领军人物达到了三十六名,这三十六人横行齐魏,官军数万无敢抗者,于是民间有了这样的说法:来时三十六,去后十八双。若要少一个,定是不还乡。

后来,梁山泊义军不幸在海州(今江苏连云港)陷入了北宋名将张叔夜大军的包围圈,在突围失利和张叔夜循循善诱的情况下,宋江带领义军归顺了朝廷。北宋政府虽然没有背信弃义地杀死义军将领,但对他们并不放心。为了防止义军死灰复燃,朝廷把三十六人分派到各地做官,轰轰烈烈的梁山泊起义就这样失败了。

梁山泊起义几十年后被写入了《大宋宣和遗事》,而这本书中的梁山泊故事就是长篇白话小说《水浒传》的雏形。

一个曲线球踢垮了一个王朝

《水浒传》中提到的第一个人物是宋太祖赵匡胤，第一个出场的人物是宋仁宗赵祯，但真正作为其开篇人物的却是奸臣高俅。

金圣叹在评批《水浒传》时曾做出这样的论断："盖不写高俅便写一百八人，则乱自下生出；不写一百八人，先写高俅，则是乱自上作也。"此言一针见血，入木三分，极有见地，但是，施公耐庵为什么选择高俅而不是蔡京或者童贯作为开篇人物呢？难道他早在七百年前就预见到了和中国足球有关的某些人会成为广大人民群众唾弃的对象？

若论名气（当然是臭名）和地位，蔡京和童贯其实更有资格代表奸臣来充当《水浒传》的开篇人物。

就名气而言，人家老童老蔡是当时流行民谣"打了筒（童），泼了菜（蔡），便是人间好世界"的主人公，还是臭名昭著、人人喊打的"六贼"（另外四个家伙是王黼、梁师成、朱勔和李邦彦）中的首要人物，而且在《宋史》中都单独有传。相比之下，高俅则差得远，不但没有在民谣中挨骂的份儿，也没有得以跻身"六贼"

之列，不但没有自己的传记，就是在《宋史》的《奸臣传》《佞臣传》里也没有他的影儿，关于他的资料只能到《三朝北盟汇编》和《挥麈后录》等历史边角料里去找。

就地位而言，蔡京先后四次入相，徽宗在位的二十五年中，他竟然窃据相位长达十七年；童贯则更是了不得，虽出身宦官，却领枢密院事，任枢密使掌兵权达二十年，权倾内外，时称蔡京为"公相"，称他为"媪相"，后更因镇压方腊起义有功而被封为太师，再后来又荣升广阳郡王，成了中国历史上获得爵位最高的宦官，也是唯一一个被册封为王的宦官。而高俅虽然也是高官，位居三公之一的太尉，掌握守卫京城的几十万禁军，但毕竟只是正二品。比一品的宰相和枢密使要低。

但是，施耐庵最终却选择了让高俅以"乱自上作"的代表身份来充当《水浒传》的开篇人物，原因何在呢？窃以为，有两个理由值得考虑。其一，高俅的发迹史颇富传奇色彩，更适于写入小说。

《水浒传》中关于高俅发迹前的描写基本上和笔记体历史《挥麈后录》的记载基本一致，只是在小细节上有些出入。《挥麈后录》是南宋时人王明清的作品，而他的外祖父曾纡的父亲就是《水浒传》中的曾布（他的妻子就是和李清照齐名的女词人魏夫人），所以，这段记载应该是非常可信的。

据王明清所言，高俅原是苏轼的小吏（也就是小秘书一类的角色，《水浒传》中说是书童），他为人乖巧，擅长于抄抄写写。元祐八年（1093年）苏轼从翰林侍读学士外调到中山府，临行前想把高俅送给曾布（虽然苏轼与曾布分属新旧两派，二人在元祐年间是有所交往的，而且还有着一定的交情），但是曾布婉拒了苏轼的好意，于是苏轼又把高俅推荐给了他的朋友小王都太尉王诜（即王晋卿）。

王诜是宋神宗的妹夫，端王（徽宗）的姑夫（《水浒传》中是端王的姐夫或妹夫），《宋史》中说，王诜虽然是堂堂驸马，但却是一个招蜂引蝶之辈，冷落蜀国长公主，公主后来郁郁而死，气得神宗在公主葬后立刻将王诜贬谪。不过王诜却是一个丹青书法的好手，徽宗在潜邸（以非太子身份继位的皇帝登基之前的住所）时，就常与之切磋，关系很好。

元符三年（1100年），王诜与赵佶在等候上朝时相遇，赵佶忘了带篦子刀，于是向王诜借了一个，修理了一下鬓角。赵佶用后对王诜说："这篦子刀的样式非常新颖可爱。"王诜回道："我最近做了两个，还有一个没用过，稍后就派人给你送去。"晚上，王诜就派高俅到端王府去送篦子刀（《水浒传》中是玉龙笔架和镇纸玉狮子，更有文化韵味），碰巧赵佶正在园中踢毬，高俅便站在一旁看，露出不以为然之色，或许是赵佶注意到了这个小厮的神情，便问道："你也会踢吗？"高俅倒也年轻气盛，回答说能。于是二人对踢，高俅拿出全身本领，将毬踢得如鳔胶粘在身上一般，甚合赵佶的口味，赵佶大喜，当即派人传话给王诜："谢谢你给的篦刀，连同派来的人，我一起收下了。"高俅于是变成了端王赵佶的亲信。更为凑巧的是，不久哲宗皇帝驾崩，作为皇弟的端王赵佶幸运地被太后选中继位，成了大宋皇帝，而高俅这个搭上末班车的潜邸"旧臣"，也鸿运当头麻雀变凤凰,一下子从一个闲散王爷的玩伴儿,一跃进入了大宋王朝的官场,并且在官场中青云直上,很快坐到了殿帅府太尉的位子上。选择高俅作为"乱自上作"代表的第二个原因和北宋的灭亡有着密切关系。

北宋王朝走到徽宗当政时,虽然贪污漫天,腐败遍地,民不聊生,但还维持着表面上的繁华热闹,特别是在像东京汴梁这样的大城市里,张择端的《清明上河图》就是在此时创作完成的。尽管北边有宋江为盗,南方有方腊起义,实际上他们只算得上小打小闹,根本动摇不了赵宋江山的根基。如果没有女真人的悍然入侵,宋徽宗还可以继续当他的风流天子、太平皇帝;退一步讲,即使女真铁蹄打破了大宋的安宁,如果黄河以北的宋军战斗力够强,金军也过不了黄河;再退一步讲,即使黄河防线崩了盘,如果京城禁军经得起考验,北宋王朝也不会那么不堪一击,立马玩完。

那么是谁把几十万禁军彻底搞垮了呢?答案就是高俅。

据《靖康要录》记载,高俅把军营的地皮建成私宅,而且很少进行训练,经常把禁军当作私役使用。如果有手艺,就直接给高俅修建楼堂馆舍、亭台阁榭;如果没手艺,那么只能花钱雇用工匠为高俅服务。不但如此,高俅还挪用军款,扣压禁军工资,导致家庭条件差的军士只能再找营生赚钱,这样就更没法操练了。于是,京城禁军"纪律废弛""军政不修",成为"人不知兵,无一可用"的摆设,以致当国家危急,面临虎狼之师金军的进攻时,开封城内几十万的禁军很快土崩瓦解。

实事求是地说，人家高俅也不是一点训练都不搞。为了迎合徽宗皇帝志大才疏、好大喜功的心理，高俅在军队训练上玩了不少花架子。据孟元老的《东京梦华录》记载，高俅主持的军队争标竞赛是相当精彩的："横列四彩舟，上有诸军百戏，如大旗、狮豹、棹刀、蛮牌、神鬼、杂剧之类。又列两船，皆乐部"（竞赛现场），争标之前，先来一通吹吹打打，后面的争标竞赛，也要搞出"旋罗""海眼""交头"等各种花样，颇为热闹。徽宗看了龙颜大悦，十分满意。彼时彼刻，打死他也不会相信正是这个搞得他特爽的高俅若干年后会断送了他的大宋王朝，同时也把他和他的皇子皇孙推上了去往五国城的啼泪泣血的漫漫风雪路。

从某种意义上说，北宋亡于禁军，而禁军毁于高俅，这一点和他那意料之外、情理之中的发迹史一起把他捆在了"乱自上作"的耻辱柱上。

梁山好汉官几品

梁山好汉中有不少人上山前是在官场任过职的,而古代的官员根据职位高低分成七品乃至九品,就像现在的公务员分为省部级、厅局级、县处级等一样。那么,梁山好汉中的前公务员们身在官场时分别是什么级别的干部呢?闲来无事不妨按照出场先后的顺序来扒一扒这个好玩的话题。

鲁智深虽然上梁山的时间比较晚,但却是第一个出场的梁山公务员,当时他还没出家,名叫鲁达,身份是渭州小种经略府提辖。提辖乃是"提辖兵甲盗贼公事"的简称,为宋代一路(相当于现在的省)或一州所置的武官。根据《宋史·职官志七》记载,提辖主管军队训练、缉捕盗贼等事务,常以知州、知府兼任此职。

梁山好汉中有四个人曾经担任过提辖,鲁智深之外的三个人分别是杨志、索超和孙立,但他们之间是有所不同的——鲁智深、杨志和索超是省级的经略府或留守司的提辖,而孙立当提辖时所属的登州是地市级行政单位。如此看来,武艺高强、能力超群的孙立在排座次时屈居地煞,没能和鲁、杨、索三人一样名列天罡,可能也有这方面的原因。

鲁智深出家后大闹五台山惹了众怒，不得不来到开封大相国寺看守菜园，在这儿他结识了八十万禁军教头林冲。

八十万禁军教头这个名号乍一听蛮厉害的，仔细一想，其实它并不是管辖八十万禁军的总司令，而是八十万禁军成百上千的教头中的一个。在此种情况下，禁军前面的数字越大，这个教头就越不值钱，具体说来，林冲只是个七八品的小武官，就相当于现在的营长或者连长。

讲完林教头，就该说一说宋押司了。

押司是宋朝时期负责案卷整理和文书撰写的书吏，主要由知州或县令招募而来，大体相当于现在的秘书。宋江乃是郓城县第一押司，可以等同于如今的县政府秘书长。

按照宋朝的官吏制度，押司属于吏的范畴，用现在的话说，就是没有正规编制的体制外人员，在官面前是低人一等的。宋江之所以为人谦卑低调，谨小慎微，一个原因是本性使然，另一个原因就是作为小吏，他有着多年仰人鼻息的官场历练。

正如"野百合也有春天"，历代的相关制度都规定供职达到一定年限的书吏在经过人事部门的考核后可以得到升级为官的机会，这正是宋押司一直以来梦寐以求的事，他宁愿远赴江州服刑也不肯上山入伙，正是因为还没有放弃有朝一日通过法定渠道"乌鸦变凤凰"的"丰满"理想。

一百单八将中有两个宋江的正牌同事，一是美髯公朱仝，一是插翅虎雷横,他们二人分别在郓城县做马弓手和步弓手,就像关羽、张飞当年在刘皇叔坐平原时的职位一样。所谓马弓手和步弓手,其实就是县衙的都头,相当于现在的县公安局正副局长或刑警大队正副队长,也是个八品的芝麻官。梁山好汉里还有两人当过都头,一个是大家非常熟悉的武松武二郎,他曾任阳谷县都头,一个是大家不熟悉的青眼虎李云,曾在李逵的老家沂水县任过都头。

李逵、武松都是宋江非常信赖的人,花荣则是另外一个深受宋大哥信任的好兄弟,他在上山前是青州清风寨的武知寨,那么,知寨是一个什么样的官职呢?

知寨是巡检寨巡检的别称,所以花荣所在的清风寨首先应指巡检司寨,然后才指依靠着巡检司寨而形成的那个集镇。宋代的县级治安由县尉和巡检负责,前者管理县城,后者巡视村镇,但从清风寨的特殊位置来看,他应该是青州府派出的机构,级别要比一般的巡检高一个档,打个不很恰当的比方,就好像是现在的地级市新城区的公安分局。清风寨有文武两个知寨,文的为正,武的为副,行文至此,花荣的官职和我们现实生活中的哪个职务大体相当,想必大家都已经心中有数了吧。

梁山好汉中有两个人曾是花荣的上级,一个是霹雳火秦明,前青州指挥司兵马统制;一个是镇三山黄信,前青州兵马都监。因为现在青州为县级市,属于地级的潍坊市,所以,如果秦明和黄信生活在我们这个时代,前者担任潍坊军分区司令,后者的职务是潍坊市人民武装部部长,都是非常牛的角色。顺便说一下,经过惨烈的南征方腊战役后,全身而退的天罡星级别梁山好汉们回京面圣时被封的官职主要就是各州都统制,秦明那时已经阵亡,否则就会面临转了一大圈又回到原点的尴尬。

排座次时紧随秦明之后的是双鞭呼延灼,这位老兄乃是大名鼎鼎的呼家将之后,他在上山前的官职也是都统制,任职地为汝宁郡,大体相当于现在的河南省信阳市。呼延灼比秦明要幸运得多,不但闯过了征方腊的生死关,而且后来被封为御营兵马指挥使,用现在的职位来套,就是北京卫戍区司令。

水泊梁山的五虎将已经提到了三位,另外两人即将登场——关胜和董平。

关胜是山西人,上山前在他的家乡蒲东府担任巡检一职。虽然关胜的巡检和花荣的知寨听起来大不相同,实际上这两个职位是一回事,如果说有什么差别,那就是关胜独立负责一寨的工作,不像花荣那样要受文知寨的掣肘。董平也是山西人,但他一直在山东为官,职位是东平府的兵马都监,和曾在青州任职的黄信平起平坐,不分上下。

在三十六名天罡星中,还有两个在监狱系统工作过的人士:神行太保戴宗和病关索杨雄。前者是江州两院押牢节级,相当于如今的江西省九江市监狱长;后者是蓟州两院押狱,兼充市曹行刑刽子,这个身份很是奇怪,放到现在,就是市级监狱一把手竟然兼任执行死刑的枪手。

虽然梁山好汉中曾经的朝廷军官小吏们在上山前品级都不算

高，可是他们加入造反大军却并非为了将来升官发财，只是寻条活路而已，等梁山人马跟随宋江接受朝廷招安时，他们才又有了为国效命、封妻荫子的远大理想。然而，被权奸控制的朝廷却一门心思地把他们往死路上赶，先是北伐辽国，接着又马不停蹄地南征方腊，结果十停折了七停。死里逃生的三十几个梁山好汉凯旋回京后倒是都得到了朝廷的封赏，但执着于品级官位的大多死于非命——宋江、卢俊义饮鸩而亡，李逵被宋江拉了垫背，吴用、花荣自缢而死，呼延灼战死沙场，关胜酒后坠马；放弃了高官厚禄的公孙胜、柴进、李应、戴宗、李俊、阮小七、燕青则都得以善终，其中况味，颇为耐人思量……

《水浒》第二忠臣的悲壮人生

《水浒传》有四个典型奸臣，分别是蔡京、高俅、童贯、杨戬，与之对应的忠臣有两个代表人物，第一位是太尉宿元景，这是个虚构人物，第二位则是历史上确有其人的济州太守张叔夜。

梁山军两破童贯、三败高俅的辉煌战绩吓坏了赵宋朝廷，于是徽宗皇帝就像吴用预料的那样派人来招安了，但因为先后两位钦差大人都不能让梁山好汉满意，所以两次招安都交了白卷。在这种情况下，济州太守张叔夜挺身而出，自告奋勇亲赴梁山泊与义军商谈，在他的劝说下，招安终于水到渠成，结成正果。宋江为了感激张叔夜的斡旋之举酬以重金，但张叔夜始终坚辞不受。

后来，张叔夜以招讨之职指挥宋江、卢俊义两支梁山军成功平定了在江南造反称帝的方腊，凯旋回京后得到朝廷嘉奖，封以重爵。

那么，张叔夜这个跨越两部名著的忠臣义士在历史上是怎样的一个人呢？

历史上的张叔夜的确和宋江义军有着密切关系，但具体情况却和《水浒传》大相径庭。

关于此事,《宋史》中的记载是这样的:

宋江在河朔地区起兵,转战于十几个州郡,各地官军都抵挡不住,"莫敢撄其锋"。后来他们进入海州境内,占据海滨,劫得十余艘大型战船,准备载着战利品到海上找个地方去快活,海州太守张叔夜得到情报以后,招募一千余名死士,准备和起义军决一死战。

海州之战充分展示了张叔夜的军事能力:他把主力埋伏在海州城外,等待瓮中捉鳖,接着让一部分军队去海边设伏,准备端掉敌人的老窝,然后派剩下的士兵去和起义军正面接触,诱敌深入。宋江他们真就上了当,跟着对方进入了埋伏圈,结果副头领卢进义等人被俘,宋江原计划回到海边继续抵抗,却发现战船已被烧毁,根据地已落入敌人手中,自己也已陷入腹背受敌的险境,最后只得接受张叔夜的招安,投降大宋朝廷。

由此可见,张叔夜是以诱敌设伏之计打败宋江义军并迫使其投降朝廷的,《水浒传》中所描写的和平谈判之情景在真实的历史上并没有出现。

张叔夜收降宋江起义军固然是大功一件,但他能够青史留名,主要是因为他是一位充满悲情的抗金英雄。

北宋末期的1126年,北方刚刚兴起的金国派兵大举南下,向赵宋帝国发起进攻,不堪一击的宋军兵败如山倒,金兵一路告捷,离东京汴梁越来越近。

当时在山东任职的张叔夜火速上书朝廷,提出了一个非常高明的主张,他请求率领骑兵抄到金兵背后,断其归路,然后再合力破敌。可惜这一奏议未能得到朝廷重视,但皇帝注意到了张叔夜的耿耿忠心,紧急调他到邓州任南道都总管,为抗金筹集兵马,此时金兵已经逼近了东京汴梁。

张叔夜刚刚到任,就接到了宋钦宗让他带兵勤王的手札,他便亲自率领三万部下日夜兼程,赶往东京救驾。当张叔夜赶到离都城不到百里的尉氏县时,正好和入侵的金兵不期而遇,他率军英勇杀敌,且战且进,十一月底终于胜利到达京城。

倍感欣慰的宋钦宗在南薰门亲自接见了浴血奋战前来勤王的张叔夜,赐予他延康殿学士之衔以表嘉奖,不久又升为资政殿学士,同时授予签署枢密院之职,把统筹指挥军事全局的权力委任于他。

这时,金兵进一步加紧了对东京的围攻。临危受命的张叔夜组织宋军开展了紧张激烈的东京保卫战,他亲自率军与金兵连战四天,斩杀俘虏了大量敌兵,取得了局部范围的战斗胜利。

宋钦宗大喜过望,派遣使者到全国各地宣传张叔夜的战功,并下令州郡长官率兵勤王。然而结果却令人大失所望,宋钦宗等了一天又一天,各地始终没有一军一马前来救援,东京最后还是在金兵的强大攻势下失陷了。

年过花甲的张叔夜亲自参加了抵抗金兵的战斗,在鏖战中他多处负伤,仍然怀着一颗忠心苦战不已。

陷入绝望的宋钦宗不得已决定向金人投降。当皇帝的车驾驶至郊外前往金营时,听到消息的张叔夜飞速赶来,他紧紧挽住御车的辔绳,极力劝谏不让车驾前行,宋钦宗无奈地说:"为免生灵涂炭,朕是不得不亲往金营啊!"张叔夜禁不住大声号哭,向宋钦宗再三跪拜。在场的大宋军民见此情景,无不失声痛哭,却也只能目送着皇帝的车驾渐渐消失在漫天硝烟之中。

张叔夜并没有因为皇帝投降而放弃,他一直在作殊死的抵抗,他是在为做人的气节而战,他是在为这片土地和土地上的百姓而战,遗憾的是,他最后因寡不敌众不幸落入敌手。

1127年4月,金人在把汉奸张邦昌立为伪楚皇帝后北撤回国,不仅掳走宋徽宗、宋钦宗父子和所有北宋皇族,而且下令押解张叔夜、李若水等拒绝拥立张邦昌的大臣随从徽钦二帝北上。

从被迫离开东京汴梁的那天起,张叔夜就开始以绝食表示反抗。他拒绝任何食物,只是偶尔喝点水而已,所以经常处于昏睡状态。

当被押解着北上的大宋君臣们走到宋金两国之间的界河白沟时,虽已是五月天气,北地却犹自飒飒风寒,草木不春。众人登船渡河之际,张叔夜听到押运的人说:"这里就是界河啦,过了白沟就不再是宋国故土了。"老将军闻听此言,按捺不住悲愤之情,蹙然坐起,翘首南望,仰天长啸,泪流不止。

第二天,满腔悲愤的张叔夜带着未酬的报国之志溘然逝去,以一腔热血为北宋王朝写下了一曲悲壮的挽歌。

南宋王朝

孟皇后：大宋中兴背后的那个奇女子

中国历史上有两次非常著名的中兴，一个是东汉初年的光武中兴，另一个则是两宋之交的建炎中兴。建炎中兴的中心人物自然是宋高宗赵构，但其实还有一个人对于大宋中兴厥功甚伟，此人就是深明大义、历经磨难的孟皇后。

孟皇后是宋高宗特别尊敬的伯母，宋徽宗先迎后逐的嫂子，宋哲宗立而又废的皇后，她是由宋英宗的高太皇太后推上皇后之位的，而她的命运则是被宋神宗时期的变法之争彻底打乱的，可以说这个奇女子的一生是和北宋后期南宋初期的历史紧密相连、密不可分。

孟皇后生于1073年，那时候王安石变法正在轰轰烈烈、如火如荼地进行着，而保守派则在等待着机会将变法派挤下相位取而代之。变法派的主要人物是王安石、吕惠卿、章惇、蔡京、蔡卞（蔡京的兄弟，王安石的女婿），保守派的代表人物是司马光、吕公著和苏辙等人。

孟皇后是在十六岁时被太皇太后高氏选中立为后宫之主的，时值1089年，彼时支持变法的宋神宗已经驾崩，继位的宋哲宗还未成年,朝政大权掌握在垂帘听政的高太后(更准确地说是太皇太后)手中。高太后在政治上持保守态度,坚决反对变法,即使变法派的章惇在拥立哲宗继位上立下了大功,她老人家仍然把他赶出了京城,后来章惇又被贬到了几千里之外的岭南,以至于他从心底里恨透了保守派。

宋哲宗元祐八年,即1093年,高太后病逝,哲宗皇帝开始亲政。年轻的皇帝是变法的支持者,于是作为变法派主力的章惇又被召回朝廷任职,并且成了一人之下万人之上的宰相。章惇不但很快恢复了被保守派废除的青苗法、保甲法、免役法等法令,而且对保守派官员及其家人展开了疯狂报复,司马光、吕公著等已逝大臣的谥号被夺、墓碑被毁,而且差点被挖坟掘墓,苏辙、范纯仁(范仲淹之子)等健在者都被贬到偏远地方去做有名无权受人监管的闲职。

因为孟皇后是章惇眼中的"老奸"高太后所立,不可避免地成为了他展开报复的首要对象之一。而高太后的保守立场和宋哲宗的变法主张针锋相对,所以,哲宗皇帝对孟皇后的感情也不是很深,他最喜欢的后妃是貌美而多艺的刘婕妤,刘婕妤则凭恃着皇帝的宠爱一直在觊觎着皇后的位置。

当时孟皇后的小公主得了重病,太医们想尽了办法却都未能见效,作为母亲的孟皇后心急如焚,以至于病急乱投医,把最后的希望寄托在了宫外道士的神符圣水上。但是神符圣水并没有传说中那么神奇,可爱的小公主最终还是在孟皇后怀抱里永远闭上了眼睛……痛失爱女本已是人生之大不幸,更不幸的是,这件事成了章惇和刘婕妤攻击陷害孟皇后的把柄。

俗话说"世上没有不透风的墙",孟皇后宫中有符水的事情很快就传到了刘婕妤耳中,于是她就诬陷孟皇后心怀叵测用符水诅咒皇帝,宋哲宗将信将疑,派人把孟皇后宫中的宫女太监押到大理寺接受审讯。

大理寺的官员们受了章惇等人的指使,对孟皇后身边的宫女太监严刑拷打,逼他们招认孟皇后有诅咒皇帝之举,但孟皇后平素待人和善,平易近人,那些可怜的宫女太监宁肯断肢割舌也不愿诬陷他们爱戴的好皇后。欲加之罪,何患无辞,大理寺官员们见严刑逼供没有结果,就捏造编织了一连串的口供,给孟皇后定了"旁惑邪言,阴挟媚道"的罪名,于是,无辜的孟皇后被宋哲宗废掉了,随后被逐出皇宫到瑶华宫(此宫乃是道观之名)出家做了女道士。

1100年,宋哲宗驾崩,他的弟弟赵佶继位,是为宋徽宗,此后,孟皇后被召回了皇宫,但不久不知何故又回到了瑶华宫。如果按照当时的情况推理一下,孟皇后得以回宫应该和变法派失势,章惇被贬有关,而她再次被逐一是因为变法派再次得势,二是拜已经成为太后的刘清菁所赐,顺便说一下,刘青菁后来因为干涉朝政而被迫自尽。

1127年,金人大举南侵,东京很快沦陷,徽钦二帝和大批后妃宗室被俘北上,最终客死冰冷异乡。被逐出宫的孟皇后有幸逃过了这一个大劫难,但当她得知这一消息时,她感受到的不是自己的庆幸,而是国破家亡、万民涂炭的椎心泣血之痛。就在这时,在金人的淫威下被迫当了傀儡皇帝的张邦昌来请孟皇后了,他想借助孟皇后的地位安抚官员百姓,稳定政治形势,并且承诺一旦找到可以继承大宋皇统的宗室子弟,他就让出帝位。孟皇后原本不肯和张邦昌合作,但转念一想只有这样才有恢复大宋江山、重振祖宗基业的希望,就暂时答应了对方的请求。

当孟皇后作为皇太后回到已经破落不堪的皇宫时,不禁悲从中来,泪流不止,但这也更加坚定了她寻找大宋皇位继承人的信念。不久传来了一个好消息——徽宗皇帝的九儿子康王赵构正在应天府(今河南商丘)一带集结军队准备抗金,孟太后兴奋之余立刻派人给赵构送去了一封密信,劝他及早称帝,担负起中兴大宋的重任,让百姓们看到国家恢复的希望。

有了孟太后的支持,赵构称帝就名正言顺了,于是他在应天府举行登基大典,分封文武百官,大宋王朝的第十任皇帝就这样诞生了,此事在历史上称为"建炎中兴",赵构就是后人口中的宋高宗。为了进一步树立自己的正统形象,同时也为了表示对孟太后的感激,宋高宗将伯母孟太后从东京接到了他的身边,像侍奉亲生母亲一样朝夕问省,用心关照。

金人听说宋徽宗的儿子赵构在应天府登基称帝了,不禁勃然大怒,随即再次南侵,赵构暂时无力对抗,只得带着孟太后等人乘舟南下,他们先到了长江南岸的建康(今江苏南京),后来又到了离金人更远的临安(今浙江杭州)。当时正是多事之秋,外部强敌压境,内部也颇不稳定,乱极一时的"苗刘兵变"就是在这时候发生的。

"苗刘兵变"的发动者是当时驻守在临安附近的大将苗傅和刘正彦,这两个家伙既不愿北上抗金,又想攫取更大的权力,就在一个深夜包围了临安城,然后发出话来要求赵构退位,由孟太后扶助三岁的小太子即位,并且要求和金人和谈,结束战争状态。

生死攸关的关键时刻,孟太后表现出了罕见的勇气和魄力。

按照苗傅和刘正彦的想法,孟太后会劝说赵构退位,然后扶立幼君。令他们没有想到的是,体弱多病的孟太后让太监们把她直接抬到了苗刘军前。面对人多势众的叛军,孟太后说金人入寇的现实,讲御侮保国的道理,希望他们将功补过,为国效命,而不是继续做亲者痛仇者快的事情。孟太后义正词严的话语在叛军中产生了很大震动,但苗傅和刘正彦执迷不悟,不肯退兵,孟太后只好一面和高宗皇帝联手演戏忽悠苗刘二贼,一面暗中派名将韩世忠的妻子梁氏(即后世书中的梁红玉)出城向韩世忠等人传达勤王救驾的诏命。

当时,韩世忠在淮河南岸布防,张浚则驻扎在苏州一带,他们接到孟太后的诏书后,立即带兵向临安进发,以期尽快把皇帝解救出来。在韩世忠和张浚的精心部署下,苗刘兵变很快得以平定,孟太后再次把赵构扶上了皇位,这是她为大宋王朝立下的又一个盖世功勋,当然也因此赢得了宋高宗对她进一步的尊重和孝敬。

纵观孟皇后起伏跌宕、祸福共生,富有传奇色彩的一生,我们不由得感叹历史的复杂和曲折,人生的意外和无奈,同时也对孟皇后这个平凡而又不凡的女子生发出深深的同情和无限的敬意……

关胜：最真实的梁山好汉

《水浒传》的故事在中国可谓脍炙人口，妇孺皆知，宋江、林冲、鲁智深、武松、李逵、燕青等梁山好汉的形象早已深深扎根在亿万读者心中。但是，一百零八条好汉中绝大多数仅仅属于文学人物范畴，在历史上留下名字的凤毛麟角，少之又少，大概只有宋江、关胜等几个人，而关胜可以说是最真实的梁山好汉，因为我们从史书中可以了解关胜的主要事迹和最后归宿，还可以知道他的离世时间，而宋江的结局和死亡年代则一直扑朔迷离，无有定论。

北宋元符年间，河北阜城人刘豫进士及第，光荣加入大宋公务员的队伍，然后从低级官员一步步爬到了河北西路提点刑狱的高位，这个职位大体相当于现在的省法院院长，并且兼有纪检委的部分职能。就在刘豫志得意满、扬扬得意时，大金国的铁蹄踏进了他所任职的河北西路。这家伙是个超级胆小鬼，一看大事不妙，吓得连官也不做了，赶紧收拾行李细软，脚底抹油溜之大吉。刘豫这一跑就跑了两千多里，从黄河以北窜到了长江南岸，这一年是1126年，即宋钦宗靖康元年。不久，金人攻占东京，徽钦二帝被俘，北宋灭亡。

宋徽宗的九儿子，康王赵构幸运地逃脱了金兵的追捕，在南京（今河南商丘）被拥立为新皇帝，南宋政权就此诞生，他就是宋高宗。金人虽然占领了黄河以南的大片土地，但当地的民间抗金武装风起云涌，蓬勃发展，对金人的统治形成了极大的威胁。在这种形势下，金军不得不撤退到黄河以北，于是，曾经被金人占领的河南领土又回到了宋政府的掌控之下。

宋高宗建炎二年，即1128年，刘豫被举荐到黄河南岸的济南府担任知府，和他合作共同守卫这座城市的是当时的名将关胜。

按照《大宋宣和遗事》的描述，宋江领导的梁山泊义军在海州被官军包围后，接受了海州太守张叔夜的招安，北宋政府虽然没有像《水浒传》里那样背信弃义地害死义军的主要头领，但对他们并不放心，就特意把他们分派到不同的地方为官。如果这些记述属实，那么，很可能关胜就被安排到了济南府担任守将。

建炎三年（1129年），金人大举攻宋，很快就包围了靠近黄河的济南城。面对敌众我寡的不利局面，关胜主张坚守城池，等待援军，万不得已就与金兵决一死战，为国尽忠。可刘豫却在生死攸关的历史时刻掉了链子，他见金兵来势凶猛，又被吓得成了没头的苍蝇，本来想像上次一样弃官跑路，但济南城被围得如铁桶一般，实在无路可逃。

金军统帅完颜昌好像是刘豫肚子里的蛔虫，让人飞箭传书给刘豫送来了一封密信，以高官厚禄作为诱饵命令他伺机杀死力主死守的关胜，献城投降。贪生怕死、利欲熏心的刘豫接到密信后如获至宝，暗中开始加害关胜。而胸怀坦荡、一心为国的关胜此时却还蒙在鼓里，根本没有意识到自己面临的危险境遇。关于刘豫是怎样使诡计害死关胜的，史书上没有明确记载，但应该和《水浒传》中高俅诱捕林冲、刘高诱捕花荣的手段伎俩不无相似之处。遗憾的是，关胜不像花荣那样幸运，很快就被清风山好汉们解救出来，却比刺字发配沧州的林冲还要悲惨，他被汉奸卖国贼刘豫残忍地杀害了，这简直是十二年后窃国奸相秦桧害死民族英雄岳飞的预演。

抗金英雄关胜是个悲剧形象，他的最终归宿令人痛心叹惋，大概《水浒传》的作者不愿自己喜欢的关胜像他的先人关羽一样命殒贼手，身首异处，就给他在小说中安排了一个相对圆满的结局——平定方腊后，战功卓著的关胜授北京大名府正兵马总管，任职期间，甚得军心，众皆钦伏。一日操练军马回来，因大醉失脚落马，得病身亡。

关胜之所以在《水浒传》中被安排到大名府任职，可能也和刘豫有一定关系。

据《宋史》和《金史》记载，刘豫献城投降后，很受金人信赖，第二年被立为汉奸政权齐国的皇帝，管理黄淮之间的大片土地，而伪齐的都城就在大名府。后来，刘豫虽然由于金国统治阶级的内部矛盾而被废掉了，但仍然享受王爷待遇，一直活到七十多岁。这样的大汉奸竟然得了善终，老天爷简直是瞎了眼睛，关胜地下有知，岂不怒发冲冠？

历史有时候是不公正的，正所谓"好人没好命，恶人活千年"，令读史者扼腕抑或拍案,扼腕是为忠良,拍案是因奸贼。然而,历史又是公正的,所谓"忠奸善恶世人自有公断"是也,忠善流芳百世,奸恶遗臭万年就是历史给出的最好回答。

浪子燕青的原型竟然是他？

浪子燕青是我们非常熟悉的一个水浒人物，他英俊潇洒，勇敢智慧，武艺精妙，忠义双全，几乎是一个十全十美，毫无瑕疵的男神形象，那么这个文学典型是从天上掉下来的呢，还是从史书中走出来的呢？换句话说，浪子燕青在历史上有没有人物原型呢？

在燕青生活的北宋末年，还真有一个外号叫作"浪子"的历史人物，但这个家伙却绝对不是只好鸟，完完全全是个坏蛋，谁呢？和著名奸臣蔡京、童贯并称"六贼"，被百姓们讥讽为"浪子宰相"的大奸臣李邦彦。

虽然燕青和李邦彦在人们心目中的形象有着天壤之别，不可同日而语，但他们还真有一些相似的地方。

先来品读一下《水浒传》中燕青刚出场时对他才情容貌的描写："……不则一身好花绣，那人更兼吹的，弹的，唱的，舞的，拆白道字，顶真续麻，无有不能，无有不会。亦是说的诸路乡谈，省的诸行百艺的市语，更且一身本事，无人比的……唇若涂朱，睛如点漆，面似堆琼。有出人英武，凌云志气，资禀聪明。"

再去看看《宋史》中对李邦彦外表能耐的介绍——"邦彦俊爽，美风姿，为文敏而工。然生长闾阎，习猥鄙事，应对便捷；善讴谑，能蹴鞠，每辍街市俚语为词曲，人争传之，自号李浪子。"

另外，两人都出身于地位卑微的草根阶层，燕青"自小父母双亡，卢员外家中养的他大"，李邦彦的老爸李浦则是一个制作银器的手工艺人。

但是，如果就此论定李邦彦是燕青的人物原型，证据则明显远远不足，而且难以为人们所接受。其实，燕青身上还有当时的另一个人的影子，此人就是大词人兼音乐家周邦彦，就是写下"水面清圆，一一风荷举""风老莺雏，雨肥梅子"等名句的那位大才子。

众所周知，燕青与北宋名妓李师师一见钟情，一往情深，乃至一生相许，而且风流皇帝宋徽宗也深陷他俩的情丝爱网之中，三人一起写就了一段英雄、美人、天子之间的传奇三角恋。其中最传奇的地方当是他们仨在李师师香闺中的意外邂逅，燕青面对徽宗皇帝，先是为自己得到了一纸赦书做护身符，继而代表梁山好汉，特别是宋江，倾诉了一片忠君报国之情，从而成功开启了水泊梁山的招安大业，这个故事见于《水浒传》第八十一回，名字就叫"燕青月夜遇道君"，道君者，宋徽宗赵佶也。

燕青月夜遇道君可能出自施耐庵的创造，更可能来自大词人周邦彦的传奇经历。

如果说燕青与李师师是英雄美女组合，那么周邦彦与李师师则是才子配佳人。话说一个霜寒露冷的秋夜,周李二人正在"锦幄初温、兽烟不断"的温馨惬意中"相对坐调笙",忽然,侍女来报皇帝陛下即将圣驾光临,此情此境之下,周邦彦只得收拾起兴致悻悻然离开,让心上人梳妆打扮等待正从地道兴冲冲而来的道君皇帝。

周邦彦离开后,心中百感交集,辗转难眠,这才有了那首流传至今的《少年游》:

并刀如水,吴盐胜雪,纤手破新橙。锦幄初温,兽烟不断,相对坐调笙。

低声问:向谁行宿?城上已三更。马滑霜浓,不如休去,直是少人行!

周邦彦与燕青虽都是李师师所爱之人,而且都有音乐之长,但毕竟一个是弱不禁风的文士,一个是金戈铁马的侠客,若说周邦彦是燕青的人物原型,举手反对者肯定远远多于鼓掌赞成者。

其实,最可能成为燕青原型的是太行山的抗金英雄梁兴。

将燕青与梁兴联系起来的是南宋大画家龚开代表作《宋江三十六人赞》中燕青名下的赞词,道是"平康巷陌,岂知汝名?太行春色,有一丈青"。关于"太行春色,有一丈青"的具体含义,仁者见仁智者见智,意见难以统一,但可以肯定的是,燕青和他那个时代活跃在太行山一带的抗金英雄有着非常密切的关系。如果燕青的人物原型就在两宋之交的太行山上，那么这个人应该就是抗金名将梁兴。

为什么这么说呢？

其一，梁兴还有一个名字叫梁青，与燕青只有一字之差。

其二，梁兴深受抗金军民爱戴，大家都亲切地叫他"梁小哥"，而燕青在梁山上则被兄弟们称为"小乙哥"，这两个称呼何其相似乃尔！

其三，梁山好汉以十停折了七停的代价讨平方腊回京受赏时，只有一人勇于看破功名利禄，独自飘然而去，这个人就是燕青。无独有偶，宋高宗降下十二道金牌命令岳飞班师回朝时，岳家军中只有一员将敢于违背圣旨继续北上抗金，这员将就是梁兴。虽然一个是去，一个是留，但都显示出了他们不慕权势，特立独行的高风傲骨，正所谓"唯大英雄能本色，是真名士自风流"！

其四，梁兴做出北上太行独自抗金的伟大抉择之后，曾经在大名府等地大败金贼，并且成功劫获过金人的马纲和粮帛纲，这应该就是《水浒传》中"智取生辰纲"故事的源头。看到这里，有朋友可能会问，"智取生辰纲"和燕青有什么关系呢？殊不知，在作为《水浒》之源的《大宋宣和遗事》中，"智取生辰纲"的八个人不是《水浒传》所写的晁盖、吴用、公孙胜、刘唐、三阮和白胜，而是晁盖、吴加亮（即吴用，作者注）、燕青、秦明、刘唐、阮进、阮通和阮小七。

不知为什么，在水浒故事演变发展的过程中，燕青最终离开了

"智取生辰纲"这一精彩桥段,成了卢俊义身边的"我那一个人",对于喜欢燕青的读者来说此乃一大遗憾也。因为如果燕青一直留在"智取生辰纲"小集体之内,他在排座次时的名次应该会远远高于现在的第三十六位。

历史上的扈三娘和她的哥哥

《水浒传》里的梁山好汉在现存的史籍中绝大多数无迹可寻,就现在的研究成果来看,一百零八人中幸运者最多只有十个半,前面的十个人分别是宋江、关胜、武松、杨志、李逵、史进(历史上称为史斌,但明确说是"宋江之党")、张横、张顺、解宝、孙立,后面的半个则是女将一丈青扈三娘。为什么说扈三娘在史籍留名上算半个人呢?且听笔者详细分解。

众所周知,一代名将岳飞身边有一个猛人名叫牛皋,无独有偶,同时代的抗金名臣宗泽帐下有一员将官名唤马皋,马皋本人虽然不错,但他之所以特别引人注目却是因为他有一个武艺不凡、勇冠三军的妻子——女将一丈青。

虽然相关史籍中没有对于马皋之妻一丈青外貌的记载,但"一丈青"三字已足以在我们面前立起一个身形高挑,英姿飒爽,扈氏三娘一样的女将形象——"一丈"说明此女身材不是一般高,站在普通女子之中肯定有鹤立鸡群之妙,同时她的体型肯定也是不胖不瘦,恰到好处的,否则,她的绰号不会是"一丈青",而是"母大虫"或"母夜叉"了;"青"字则意味着她是一个"不爱红装爱武装"或者既爱红装更爱武装的女子,而且是一个正当青春、青丝如墨的女子。

一丈青与她的夫君马皋本来同在力主抗金的东京留守宗泽帐前听命,二人夫唱妇随,共御敌虏,谱写了一段评书中常见、历史上少有的战场上的爱情佳话。1128年,志在恢复河北失地的宗泽悲壮地高呼着"渡河,渡河,渡河"含恨而逝,此后一个名叫杜充的国家蠹虫接替了宗帅的职位,开始睁着眼睛瞎指挥黄河南北的几十万抗金大军。这件事对于大宋王朝来说是一个大悲剧,对于一丈青与马皋的小家庭来说也是一个大悲剧。

杜充绝对是一个成事不足败事有余的混蛋官员,他坐上东京留守的重位之后,不但停止了轰轰烈烈的北伐,而且切断了和河北民间抗金武装之间的联系,同时在官军内部展开了排除异己的政治运动。

张用、王善是当初接受宗泽元帅招抚的民间抗金武装首领,对畏敌如虎、劣迹斑斑的杜充根本看不上眼,不愿意唯命是从地听任他安排摆布,这正好给了杜充挟私报复的机会。建炎二年(1128年)初,杜充命令马皋和一丈青夫妻两个带兵去淮宁府(今河南淮阳)攻打张用和王善的军队,马皋和一丈青虽然深知"同室操戈"的害处,却不敢违抗上司的军令,只得不情不愿地去攻打兄弟部队。

就实力而言,马皋与一丈青的军队和张用、王善旗鼓相当,不相上下,但是发起不义之战的前者自知理亏,士气不振,结果不久

历史上的扈三娘和她的哥哥

就被对方打得丢盔弃甲，落荒而逃，而且夫妻俩还被张用和王善给冲散了。对于马皋来说，更不幸的是，当他带着残兵败将回营复命时，杜充大显"毒虫"淫威，根本不容马皋分辩，直接命令副留守郭仲荀把马皋拉出帐外斩首示众。

得到马皋被杀的噩耗时，一丈青肝肠寸断，悲痛欲绝，但她毕竟是个久经战阵的女英雄，痛定思痛之后，她决定带兵去投奔当年宗泽元帅特别器重的大将闾勍，闾勍当时驻扎在西京河南府，就是现在的河南省洛阳市。闾勍深知杜充的为人，对马皋和一丈青的不幸遭遇非常同情，于是就主动提出收一丈青为义女，让她留在他的军营为国效命。

由于蠢虫混蛋加毒虫的杜充在形势一片大好时愚蠢地放弃了北伐，又自绝于河北的民间抗金武装，抗金战局在他接任东京留守几个月后就急转直下，惶惶不可收拾，不仅黄河以北的大名府、五马山一带被金国军队占领，连黄河以南的西京河南府也被大批金兵层层围困，岌岌可危。闾勍眼见西京已经守不住了，只得带领一丈青等人突出重围，向淮河以南撤退。

在宗泽担任东京留守时期，黄河以北是宋、金激烈争夺的区域，黄河以南主要由宋军占领，很少见到金人，而杜充错误而无耻的行为举措（这家伙后来投降了金国，做了名副其实的汉奸）则导致河北大片疆土彻底沦陷，致使金军跨过黄河天险，把黄河以南直到长江的广阔土地变成了新战区，害得数百万老百姓陷入了水深火热、生不如死的战争灾难之中。如果说杜充是两宋之交的第一民族罪人，应该一点也不为过。

间勍南撤的过程中，碰巧遇到了被杜充逼上反叛之路的张用，张用这时已经和王善分道扬镳了，因为他不愿意按照王善的安排进攻淮宁府。宗泽元帅在世时，间勍和张用是东京留守府的同事，作为前辈的间勍对张用多有关照，所以他们二人的意外相逢颇有"久旱逢甘霖，他乡遇故知"的感慨。在间勍的苦心劝说下，张用迷途知返，重新回到了大宋官兵的旗帜之下，为了表示对张用投诚之举的认可，间勍主婚将寡居的义女一丈青嫁与张用为妻。

在这里我们又从一丈青身上看到了扈三娘的影子——一丈青嫁给了间接导致她前夫马皋被杀的武将张用，而扈三娘的丈夫王英则来自杀害了她一门老幼的梁山农民军（主要是李逵造的孽）。

李逵向扈三娘的家人举起血淋淋的大板斧时，只有她的哥哥扈成侥幸逃脱，"投延安府去了。后来中兴内，也做了个军官武将。"这个扈成在历史上是百分之百确有其人的。《水浒传》中梁山好汉征方腊凯旋回京后，幸存的天罡众将大多数被封为各州都统制，比如花荣授应天府兵马都统制，柴进授横海军沧州都统制，历史上的扈成担任的官职就是统制。

和间勍、马皋一样，扈成也是宗泽元帅手下的一员将官，其实，大名鼎鼎的岳飞当时也在东京留守司任职，他们互相都是不错的同事。宗泽去世后，杜充被朝廷任命为留守司的一把手，扈成就和岳飞、马皋一起成了杜充的部下。

杜充的无耻决策和愚蠢指挥导致黄河两岸的抗金防线全面崩

溃，扈成和岳飞、戚方、刘经等人不得不带领各自的军队跟随杜充撤退到长江南岸的建康，即现在的南京，分别驻扎在建康城东、西、南三面的几个县里。

俗话说"上梁不正下梁歪"，在混蛋杜充的领导下，除了岳飞的军队之外，东京留守司的另外几支军队几乎都失去了战斗力。很快，来势凶猛的金兵在金兀术的指挥下渡过长江攻陷了六朝古都建康，全城陷入一片刀光血影、暗无天日的大混乱。戚方、刘经等人的队伍在抵抗金兵入侵上一塌糊涂，乏善可陈，等金人把建康城掳掠一空，撤到江北之后，他们却又开始在城内城外兴风作浪，鱼肉百姓，而且，心如蛇蝎的戚方还向兄弟部队伸出了血腥的黑手。

扈成带领的宋军当时驻扎在建康城东南的金坛，所受冲击较小，实力也相对较弱，因此成了戚方觊觎的目标。

一日，扈成带领他的军队从一片广阔茂密的箭竹林经过时，忽然，路两边的竹丛中冲出几十个手执长枪的军士，这些人二话不说，对着扈成举枪就刺，可怜扈成转眼间浑身是血，落马殒命，糊里糊涂地做了那世之鬼。杀死扈成的幕后黑手戚方并没有得到应有的惩罚，这个家伙在岳飞和张俊对乱军展开讨伐时投降了张俊，然后就在历史上销声匿迹了。

大概施耐庵先生觉得扈成死得太悲惨太冤枉，于是就将他写进了《水浒传》，并给他安排了一个貌美如花、武艺高强，令读者一见即心仪难忘的妹妹一丈青扈三娘。

李清照的第二次婚姻

大词人李清照与金石学家赵明诚琴瑟和谐、伉俪情深的爱情故事可谓脍炙人口,广为人知。遗憾的是,这段令人羡慕的婚姻却拥有一个并不美好的无言结局。

靖康二年(1127年)对于李清照和赵明诚来说真是祸不单行的苦难日子,国难家愁一时之间纷至沓来。

这年年初,侵入中原的金兵第二次包围了北宋都城东京,举国震惊,天下大惶。李清照夫妻虽然当时住在远离京城的青州,却也深深感受到了"黑云压城城欲摧"那种紧张恐怖的政治形势。

就在这时,赵明诚远在建康(今江苏南京)的母亲不幸病故,他只得让李清照独自留在青州整理归来堂(夫妻二人的居所,取陶渊明"归去来兮"之意)内的金石文物,自己则紧急南下处理母亲的后事。

不久,东京失守,徽钦二帝被掳北上,幸运逃脱的徽宗第九子——康王赵构在应天府(今河南商丘)即位,历史进入了南宋时代。

新皇帝赵构登基后,建康所在的江宁府一把手出缺,他听说著名学者赵明诚正好在建康服丧,就任命赵明诚就任江宁知府。

其时,李清照所处的青州也已经沦陷,李清照正在护送着十五车金石文物向南方艰难行进,她没能带走的东西只得锁在了归来堂中,可惜很快就在城陷后毁于乱兵之中了。

要说赵明诚也真够倒霉的,他刚刚上任不久,建康城就发生了一场兵变。

驻扎在建康城内的御营统治官王亦意图在某天深夜发动叛乱,结果被一个忠君爱国的下属察觉了,这位下属及时向赵明诚做了汇报。千钧一发的关键时刻,不懂军事的赵明诚陷入了优柔寡断的境地,当然也就没有采取任何行动。

那位下属真的是个了不起的角色,可惜历史没有留下他的名字,他见上级官员没有反应,就自己雷厉风行地作了安排,并且成功地平定了王亦的叛乱。

天亮时,了不起的下属前去向赵明诚报捷,却发现赵大人早在战斗打响时就吓得用绳子从城墙上缒下去逃跑了。

李清照抵达江南时,赵明诚已经被朝廷革去了江宁知府的职位。当她听到深爱的丈夫的"光辉事迹"时,羞愤交加,无以名状,感觉身边的赵明诚忽然成了一个素不相识的陌生人。

李清照一直不能原谅丈夫临阵脱逃的卑怯行为,从那时起在感情上就冷淡疏远了赵明诚,两人在一起时经常处于"竟无语尴尬"的难堪状态。

第二年,金兵再次南侵,他们不得不逃往江西避难。行至乌江边时,李清照站在西楚霸王项羽兵败自刎的地方,面对浩荡江水,抚今追昔,心潮翻涌,高声吟出了那首流传至今的巾帼不让须眉的《夏日绝句》:"生当作人杰,死亦为鬼雄。至今思项羽,不肯过江东。"赵明诚当时就站在李清照身后,听到妻子的诗句,他又愧又悔,难以自遣,从此更加郁郁寡欢,不久便含恨而终了。

丈夫去世后,无依无靠的李清照陷入了更大的痛苦,每天守着赵明诚留下的大量金石书画,深感"物是人非事事休",总是"欲语泪先流"。

当时,还有一个人在惦记着李清照家中那些价值连城的宝贝,这个人叫张汝舟。

张汝舟是杭州城里的一个小官,在一个偶然的机会和来到杭州的李清照相识,随即以如簧巧舌向女词人展开了猛烈的爱情攻势。彼时,初到杭州,人地两生的李清照正如她词中所写"寻寻觅觅,冷冷清清,凄凄惨惨戚戚",每日"守着窗儿",不知"独自怎生得黑",如此情境下的女子是很难经受住男人的花言巧语和甜言蜜语的,因为女性主要是用耳朵来恋爱的,在这一点上大词人李清照也不能免俗。

于是,张汝舟最终美梦成真,心愿得逞了,李清照担着"晚节不保"的恶名,顶着巨大的世俗压力,和疯狂的追求者张汝舟走到了一起,迎来了她的第二次婚姻。

但是,很快两个人都后悔了,特别是李清照,她发现所谓的丈夫在成婚后态度急转直下,成了她生命中难以承受之重,因为张汝舟娶李清照是"醉翁之意不在酒"。

张汝舟喜欢的不是李清照清雅的外表,也不是她卓越的才华,而是她身边那些可以换钱的金石文物。当张汝舟完全确定李清照的财富远没有他想象的那么多,而且李清照不肯将前夫珍爱的东西变卖时,他立刻撕掉画皮,露出了那张丑陋狰狞的面孔,甚至对李清照大打出手。

忍了一段时间后,李清照终于受不了卑劣狠毒的张汝舟了。可是,在当时的历史条件下,她几乎无路可走,因为宋朝法律规定:男性可以休妻,但女性不能首先提出离婚,如果一个女性起诉离婚,即使诉讼成功,婚姻解除,她也必须服刑两年。

但李清照宁肯入狱服刑,也不愿继续和张汝舟这条肮脏的饿狼待在一起了。可是,以什么罪名起诉张汝舟呢?那年头可没有家庭暴力这个概念,即使有也很难找到足以让施暴者认罪的证据,现在的很多家暴案例都是这种情况。

李清照不愧是个聪明的女子,她凭借锐利的眼睛和缜密的心思发现了张汝舟的一个不可告人的秘密,并且勇敢地以"妄增举数"罪把张汝舟告上了法庭。

大家肯定会对"妄增举数"这个罪名感到好奇,那么到底是怎么一回事呢?原来宋朝有规定,举子考到一定次数,就可以取得相应的资格,然后政府就给你官做。但是,张汝舟填表时在考试次数上造了假,这才得以蒙混过关,也就是说他的官职是瞒天过海骗来的。

经过相关部门的调查审理，李清照所言证明俱是事实，于是张汝舟被削职流放，到当时还偏僻蛮荒的柳州劳动改造去了。

不幸的是，李清照也因为告发丈夫而被判拘役失去自由，但幸运的是，她在九天后就被假释回家了，这多亏了她忠心的婢女四处奔走找知名人士疏通关系。

李清照逃脱了张汝舟的魔爪，却难以摆脱有道德洁癖的士大夫们对她的嘲讽和批评。虽然她心胸宽广，不太在乎别人的风言风语，可那颗早已残破的心和无依无靠的现实是无论如何也要面对的，实在无法自遣时，她只有借酒浇愁，在醉意朦胧中获得暂时的忘却，瞬间的解脱。

1155年，一代大词人李清照在贫困忧苦、流徙漂泊中寂寞地病逝于"未老莫还乡，还乡须断肠"的江南。历史又一次向我们显示了它冷漠无情的一面，但历史也是有情而温暖的，因为它为我们留下了易安居士那一首首动人而优美的诗篇，李清照的名字必将与她的作品一起流芳百世而青春常在。

为什么被害的是岳飞

南宋大画家刘松年曾经创作过一幅稀世之作,名为《中兴四将图》,栩栩如生、纤毫毕现地描绘了刘光世、韩世忠、张俊、岳飞四位抗金将领。出人意料的是,我们最熟悉、最尊崇的岳元帅竟然排在最后,而杀害这位英雄的凶手之一张俊竟也位列其中。

解答这两个疑问并不难,岳飞排在后面是因为在"中兴四将"之中,他的职位最低、资历最浅、年龄最轻,而张俊在因为杀害岳飞被钉在历史的耻辱柱上之前,的确是一位力主抗金、战功卓著的名将。随之而来又有了一个新问题:既然岳飞并不是抗击金兵的"中兴四将"之首,为什么被杀害的却是他呢?

为岳飞招来杀身之祸的首先是他的性格。

南宋大理学家朱熹以为中兴将帅以岳飞为第一,但说他"恃才而不自晦"。确实,岳飞个性刚正耿直,不但不善于保护自己,还在两件大事上冒犯宋高宗赵构,加深了高宗的忌恨,以致引来了杀身之祸。

第一件事发生在绍兴七年(1137年)四月,因高宗在让他节制淮西军北伐问题上出尔反尔，岳飞一怒之下上了庐山。高宗视其为"要君"，鉴于金人威胁还在，不得不好言抚慰促其下山，但同时引太祖"犯吾法者，惟有剑耳"以示警告，在表达不满时，已暗藏杀机。

第二件事发生于同年八月，岳飞出于忠心，建议高宗立储。这年，高宗才三十岁，他唯一的儿子、三岁的赵旉早在八年前就惊悸而死，而他在扬州溃退时因惊吓引起性功能障碍，再也无法生育，成为他的难言之痛。岳飞立储建议有两大忌讳，一是触犯了正值而立之年的高宗性无能的忌讳，二是触犯了祖宗家法中武将不得干预朝政的忌讳。

高宗的厌恶、忌恨和反感是可以想见的，精忠报国、毫无私心的岳飞实在是书生意气，太欠思量了。

其次，在南渡诸大将中，岳飞是功勋最著、抗金最有力的，而且他在抗金大计上毫不妥协，这是每个中国人都知道的，就不用我赘言了吧。令人深思的是，这一点是我们尊崇颂扬岳飞的原因，恰恰也是宋高宗和秦桧杀害岳飞的主要原因。

在战场上屡屡败在岳飞手下的金国大将完颜宗弼（即金兀术）以杀岳飞作为议和的交换条件，高宗、秦桧以屈膝求和作为巩固自己皇位与相权的根本之计，就把迫害的黑手和血淋淋的屠刀伸向了岳飞，于是，岳飞便非死不可。

岳飞赤胆忠心，爱国爱民，一心渴望雪靖康之耻，灭臣子之恨，驾长车踏破贺兰山，直捣黄龙府，壮志饥餐胡虏肉，笑谈渴饮匈奴血,最终却负屈含冤,身心俱创,遗恨风波亭,这不能不说是我们中华民族历史上一个震撼人心、令人警醒的大悲剧。

韩世忠：这一点，我和岳飞也一样

南宋中兴四大名将中，岳飞之外的三人里真正可以和岳飞并驾齐驱的只有韩世忠，他们二人都力主抗金，战绩卓越；都是从普通士兵成长起来的杰出将领；都有一个深明大义、令人羡慕的贤内助。其实，他们还有一点非常相似，只是韩世忠在这一点上的表现一直被人们忽视了。

岳飞被秦桧和宋高宗杀害以后，韩世忠眼见大好的抗金形势已经无可挽回，忧心如焚，愤懑不已，每次在朝堂上看到奸相秦桧，都恨不得冲上前去一脚将他踢倒在地，见到昏君赵构，心里又像打倒了五味瓶，不知道是个什么滋味。

韩世忠看到秦桧赵构心里感觉不痛快，赵构秦桧看到韩世忠也觉得不爽气。一则韩世忠一向反对议和，曾经当面质问秦桧岳飞父子何罪，还怒斥他"莫须有"三字何以服天下；二则虽然赵构已经以明升暗降的方式削夺了韩世忠的兵权，但还是担心他拥兵自重，尾大不掉，因为韩世忠在军中的威望无人可及。

时间一长，韩世忠觉得再这样下去，自己的心情恐怕会陷入严重抑郁,倒不如远离朝廷这是非之地,去过自己想要的生活。于是,他一纸奏章辞去了有名无实的枢密使职位,从官场上赎回了自己的自由自在之身。

从绍兴十一年(1141年)深秋的某一天起,西湖边出现了一个头系一字巾、身穿闲适衣、歪骑着毛驴的身影,身后不远处跟着四五个随从,有的背着酒壶,有的拎着钓具,这个人不是别人,正是当年以八千宋兵把金兀术十万人马困在黄天荡达四十八天的抗金名将韩世忠。

为了消除皇帝的猜疑,韩世忠在放浪形骸、混迹渔樵的同时,还闭门谢客搞起了他之前从未接触过的诗词创作,而且还写得有模有样,和岳飞有得一拼。

岳飞的《满江红》大家都是非常熟悉的,"三十功名尘与土,八千里路云和月"的感慨,"壮志饥餐胡虏肉,笑谈渴饮匈奴血"的豪迈都给人们留下了极其深刻的印象,但他也写过风格完全不同的《小重山》,"欲将心事付瑶琴,知音少,弦断有谁听"的寂寥其实更能打动人心。韩世忠写诗赋词是在辞官隐退之后,他流传下来的两首词在格调上自然和《小重山》更为接近。

请看这首《临江仙》:

冬日青山潇洒静,春来山暖花浓。少年哀老与山同。世间名利客,富贵与贫穷。

荣华不是长生药,清闲不是死门风。劝君识取主人翁。

单方只一味,尽在不言中。

虽然有说教之嫌,但"冬日青山潇洒静,春来山暖花浓"堪称佳句,即使放在苏词中也不逊色。

相比之下,韩世忠的《题云居壁》更值得称道,可以和岳飞的《池州翠微亭》相媲美。

先来欣赏一下岳飞的这首记游诗——

经年尘土满征衣,特特寻芳上翠微。
好水好山看不足,马蹄催趁月明归。

再品味品味韩世忠的这首题壁诗——

芒鞋行杖是生涯,老矣今年玩物华。
为爱云居松桧好,不须更看牡丹花。

是不是春兰秋菊,各有妙处呢?

韩世忠作为一个"生长兵间,未尝知书"的武将,在年过半百后经过几年的用心,写出的诗词竟也可圈可点,颇耐玩味,由此可见,"世上无难事,只怕有心人"这句古语真的是"丝毫不爽"的!

王德：南宋第一抗金猛将

南宋第一抗金名将当然是岳飞，南宋第一抗金猛将则非王德莫属，各位如有不信服者，请随笔者一起来领略一下王德的辉煌战绩。

北宋末年金军入侵时，王德随同主帅姚古驻守在怀州、泽州之间的战略要地，怀州是现在的河南焦作，泽州是如今的山西晋城。姚古派王德去侦探敌情，王德不但顺利完成任务，还带回了一个金军头目的脑袋。姚古希望王德再立新功，就用激将法问他："还敢再去吗？"王德二话不说，带领十六名装扮成金军的骑兵径直闯入隆德府（今山西长治）衙门，把金人委任的太守姚太师捆起来扔到马上就朝城门飞奔而来，回过神儿来的金兵赶来拦截，王德挥刀如雨，连杀数十人，敌军再也没人敢凑前了，只得眼睁睁看着王德把姚太师劫走。

姚太师作为战利品被解送到大宋朝堂上，宋钦宗赵桓问他当时情形，姚太师沮丧地说："我被俘时只见到一个夜叉而已。"于是，"王夜叉"这个绰号很快就传遍朝野，尽人皆知了。

赵构建立南宋后，王德在和岳飞、韩世忠等并称中兴四将的刘光世麾下效命。

1128年,王德奉命作为先锋讨伐金人扶植的汉奸政权伪齐,与之对阵的是悍将李成,这个家伙就是《水浒传》中梁中书部下李天王李成的人物原型。双方在河南上蔡的驿口桥不期而遇,李成判断王德率领的骑兵是宋军派来诱敌深入的,便决定不予理睬,继续西进,像张飞一样粗中有细的王德见此情况,晴天霹雳般对着敌军大呼一声:"王师大军到了!"李成的军队以为遭遇了埋伏,一时间慌了阵脚,乱作一团。王德抓住战机,发起进攻,把敌军打得落花流水,大败而逃。张飞当年在当阳桥一声怒吼吓退曹操大军,王德在驿口桥不但一声怒吼吓瘫金兵无数,还"斩获甚众",二者相比谁个更胜一筹,想必各位心中自有公断。

1130年,金军再次南侵,镇守京口(今江苏镇江)的刘光世准备退到丹阳一线拒敌,在王德的拼命请求下,刘光世命令诸将分兵扼守险要地界,并派王德渡江突袭金军。王德在扬州城北和金人展开激战,他催动胯下马,挥舞掌中刀,风一般冲入敌阵,一刀就把身穿重铠的敌将砍下马来,王德的气势吓得金兵不知所措,四散奔逃,宋军乘胜追击,杀敌数万。王德的名气虽然和关羽不可同日而语,但其"万马军中取上将首级如探囊取物"的神勇绝对可以和武圣人相媲美。

第二年,王德率兵和敌军在崇明沙(今上海崇明岛)进行决战,他亲自高举大旗,身先士卒闯进敌营,一边冲锋,一边高呼"王夜叉来也!"所到之处,敌军一哄而散。敌军首领大败之后拿出了最后的杀手锏——仿效战国时的名将田单,用火牛阵向王德的军队发起猛攻,早就获知消息的王德命令前军拉弓搭箭严阵以待。敌军的火牛出现时,王德一声令下,万箭齐发射向牛阵,火牛哪见过这阵势,纷纷掉转牛头冲向身后的队伍,结果敌军死伤无数,一蹶不振,敌军首领自认根本不是王德的对手,便绑了自己前来请降。

1134年,金军占领江北的滁州,烧杀掳掠无所不为,王德怒发冲冠,渡江破敌,生擒金国万户一人,千户十余人,万户大体相当于现在的军级干部,千户则是团级干部。1136年,伪齐政权的汉奸皇帝刘豫派刘麟、刘猊两个儿子率兵攻宋,王德和名将杨沂中等分兵抵御,在藕塘大败敌兵,缴获粮船400多艘。

其时,王夜叉的威名已经大江南北无人不知无人不晓了,宋人对他敬畏有加,金人则是畏之如虎,望风而降。

1140年,王德夜渡汴水到达宿州,对着城外的金兵展开了宣传攻势:"我和金人大小百战,名士贵酋无不被我打得粉碎,你们又能干什么?"金兵听说"王夜叉"已经兵临城下,大多束手归降,逃回城中的守将不久也举起了白旗。王德乘胜向亳州进军,驻守亳州的敌将听说王德到来,吓得对部下说:"王夜叉可不是好惹的!"于是连夜弃城跑路了。

有岳飞那样的抗金名将,有王德这样的抗金猛将,北宋皇帝犹自破家亡国,南宋皇帝犹自屈膝求和,当时宋朝皇帝之昏庸懦弱于此可见不止一斑矣。

牛皋真的是笑死的吗

牛皋是听着《岳飞传》长大的 70 后们非常熟悉的人物形象，他勇猛善战，粗犷豪爽，嫉恶如仇，敢于反抗，和《三国》中的张飞，《水浒》中的李逵、鲁智深，《隋唐演义》中的程咬金可以并称为最受读者喜爱的五大莽汉。

在《岳飞传》中，牛皋最后生擒活捉了岳家军最大的敌人金兀术，并且将其骑在胯下好好地羞辱了一番，结果，金兀术被活活气死，牛皋则在大笑声里溘然长逝。评书中的牛皋之死固然充满传奇，颇有喜剧色彩，可惜那只是艺术家的文学创造，真正的牛皋之死是一个令人扼腕叹息，抚膺垂泪的历史悲剧。

在评书《岳飞传》里，岳元帅是牛皋的结义大哥，但是，历史上的牛皋却比岳飞年长得多，他生于 1087 年，足足比岳飞大十六岁，可以算个长辈了。

牛皋和岳飞一样生于现在的河南省，岳飞的故乡在豫北的汤阴，牛皋的老家在豫中的鲁山，这两个地方都离北宋都城东京（今河南开封）不远，所以，他们对 1127 年发生在东京的靖康之耻都有着刻骨铭心、挥之不去的惨痛记忆。

早在南宋初年,牛皋就在家乡一带率领百姓们举起了抗金的义旗,后来,为了更好地打击金国侵略者,他便带着他的兵马慕名来投奔岳家军。岳飞和牛皋一见如故,牛皋很快成了岳飞属下的重要将领。

1134年,金人扶植的伪齐政权勾结金兵入侵汉北地区,占领了襄阳、随州等六座城池。牛皋奉命收复随州,他让手下军兵只带三天的口粮,决心破釜沉舟,背水一战,不成功便成仁。战斗中,牛皋亲冒矢石,冲锋陷阵,在他的指挥和激励下,他率领的军队不到三天便成功拿下了随州,生擒守将,俘敌五千。之后,岳家军一鼓作气,乘胜追击,顺利收复汉江重镇襄阳。

后来,金兵和伪齐狼狈为奸攻打淮西,岳飞派牛皋渡江到庐州迎敌。两军对垒之际,牛皋像三国名将张飞一样,打马阵前,手指敌兵敌将人叫一声:"牛皋在此,尔辈胡为?"敌军中大概有曾被牛皋吓破了胆的兵士,看到牛皋的身影,听到牛皋的声音,吓得掉头就跑,结果金人乱了阵脚,不战而溃。宋军狂追三十余里,杀得敌人兵败如山,血流成河,兵将阵亡大半,几乎全军覆没。

绍兴十年,即1140年,牛皋随岳飞进军中原,一路之上,岳家军所向披靡,长驱直入,先后拿下许昌、汴京等军事重镇,一直打到了黄河岸边。牛皋在多次战斗中浴血奋战,出生入死,立下了汗马功劳,并且凭借军功成为岳家军副统帅。

正当岳家军在岳飞的率领下即将继续北上,直捣黄龙府时,由于众所周知的原因,以宋高宗和奸相秦桧为首的主和派一道圣旨把岳飞召回了首都临安。不久,岳飞就被以"莫须有"的罪名杀害了,一代名将冤沉海底,全国百姓为之垂泪。

岳飞被害后,秦桧派亲信田师中去掌管岳家军。岳家军广大将士正沉浸在岳飞被害的巨大悲愤之中,见朝廷又派田师中这个无能之辈来统领他们,愤怒不满情绪达到了顶点,一场兵变一触即发。宋高宗眼看局面就要陷入不可收拾的状态,只得亲自出面,靠着皇帝的一张老脸才把岳家军将士的激愤情绪平息下去。

田师中根本不懂得怎样治军,而且对部下非常恶劣,"刻剥其下,而奴隶使之",训练有素,军纪严明,英勇善战,使金人闻风丧胆的岳家军逐渐被他败坏了。欺下者必然媚上,田师中就是这样一个家伙,他凭借对秦桧等人阿谀奉承,给秦桧之辈送礼进贡,竟然能够"久其权",把屁股牢牢地钉在了岳家军统帅的座位上,当然这时的岳家军已经不叫"岳家军"了。

对于牛皋等威望颇高的岳飞的老部下,田师中极尽拉拢收买之能事,但身为武将的牛皋表现出了文人士大夫"富贵不能淫,威武不能屈"的高尚气节,不管田师中怎样利诱他,他始终坚守着"精忠报国"的信念,不肯和卖国贼们同流合污。

因为牛皋一直对秦桧田师中之流敬而远之,采取非暴力不合作态度,所以这两个无耻小人都恨透了他,却又找不到对他治罪的理由,最终,气急败坏的他们决定对牛皋暗下黑手。

绍兴十七年(1147年),秦桧密令田师中在仁和县(今属浙江杭州）以宴请各路大将为名，用毒酒害死了牛皋。

牛皋当时是回家后才感觉到身体有中毒症状的，他"知其必毙，乃呼亲吏及家人"嘱托后事。临死前，牛皋悲愤地说他这一生最大的憾事就是"恨南北通和，不能以马革裹尸！"。

牛皋死后葬在杭州西湖栖霞岭北绿树环绕的剑门关边，与岳飞墓相隔不远，这大概是他生前的一个夙愿吧！

南宋百姓听说牛皋被秦桧毒死，"莫不叹恨"，为之垂泪。牛皋故乡的民众听到这个噩耗，在鲁山城东建造了一座牛皋祠堂，以表示对这位抗金英雄的崇敬和怀念。

宋高宗：其实我也恨秦桧

关于岳飞之死，史学界基本上已经达成了这样的共识：表面上岳飞是被奸相秦桧害死的，实际上背后的主谋乃是昏君宋高宗赵构。但是细究之下，问题又并非如此简单，如果宋高宗地下有知，他可能会发出如此的感叹：其实我也非常憎恨秦桧。

清朝史学大家赵翼在他的代表作《廿二史札记》中曾经直截了当地指出了宋高宗和秦桧之间存在着异常激烈的敌对情绪，"几如曹操之于汉献帝矣"。为什么会这样呢？因为秦桧当丞相时，"诛赏予夺，悉其所主持"，作为一国之主的宋高宗"反束手于上，不能稍有可否"。总而言之一句话，皇帝赵构在很大程度上被奸相秦桧架空了，成了金銮殿上的摆设，恰如木偶戏里的傀儡。

也许诸位觉得赵翼所言有些夸大其词，危言耸听，但实际上这个推断有着足够充分的历史证据。

先请看《宋史·李浩传》中的记载："自秦桧用事，塞言路。及上总揽威权，浩与王十朋等始相继言事。"用现在的话说，就是秦桧当政的时候，就像一扇闸门一样挡在了宋高宗和臣子之间，他圈子里的人自然唯其马首是瞻,他圈子外的人几乎不能和皇帝直接交流,直到宋高宗恢复了权力行使权,李浩、王十朋等忠正之士才真正获得了向皇帝进言的机会。

再请看《宋史·王纶传》的一段文字:"(绍兴)二十六年(秦桧死于二十五年),试中书舍人。高宗躬亲政事,收揽威柄,召诸贤于散地,诏命填委,多纶所草。"从此处我们可以注意到两个重要信息,其一,秦桧死后,宋高宗才开始"躬勤政事",才得以"收揽威柄";其二,秦桧掌权时把贤良方正的大臣都排挤到了有名无权的闲散官职上(所谓"散地"也),以便他和他的爪牙控制朝政,专权独断。

也许有人会说,人家宋高宗是懒得费心费力,才让秦桧站在前台替他吃苦受累的,实际上不是赵皇帝做傀儡,而是秦丞相当木偶。真实情况究竟如何呢?南宋名臣虞允文给宋高宗所上奏章中的一句话可以做证——"秦桧盗权,十有八年,桧死权归陛下。"一个"盗"字,早已把奸相秦桧权欲熏心、欺上压下的丑恶行径揭露得明明白白,彻彻底底。

秦桧第一次拜相是在绍兴元年,即1131年,那时他根基未稳,第二年就被人弹劾下了台。1138年,秦桧抓住主战派之间的矛盾东山再起,第二次登上相位,这一登就是十八年,一直到他死亡才撒手放权,也就是虞允文所说的"秦桧盗权,十有八年"。

二次任相后,秦桧的求和政策跟宋高宗心底的想法不谋而合,而秦桧在高宗面前又毕恭毕敬,唯命是从,于是赵皇帝对秦丞相的宠信达到了空前绝后的程度，以至于前者忽略或者放纵了后者结党营私，排斥异己，让他的党羽爪牙几乎占据了所有的朝堂重位，把主战派大臣赶出京城或者放到闲职上挂了起来。长此以往，秦桧最终成了大宋王朝金銮殿的实际主宰者，宋高宗沦为高高在上，空有其表的名义皇帝。

后来，宋高宗意识到了问题的严重性，但奸相专权的局面早已形成，难以撼动，他也只能无可奈何地面对现实。同时他对秦桧的感觉逐渐发生了改变，由宠信而怀疑，由怀疑而憎恶，由憎恶而忌惮。忌惮之下，宋高宗采取了一个意料之外却又在情理之中的做法，并且一直坚持到秦桧死去那一天。1155年，当宋高宗听说秦桧已经死亡时，不禁长吁一口怒气，对身边的人说出了这样一句话：朕自今日始，免得膝裤中带匕首（从今天起，朕再也不用在靴筒里暗藏匕首了）。此事见于记录大理学家朱熹言行的《朱子语类》，而朱熹与岳飞的儿子岳霖是同时代人，比宋高宗和秦桧只晚二三十年，因此这个记载的可信度还是非常高的。

辛弃疾：清官还是贪官

在《辛弃疾是不是个好干部》一文中，作者对辛弃疾的清廉提出了质疑，因为辛词人在信州（今江西上饶）带湖之滨有一座面积广大、楼台广布，名为"稼轩"的庄园。

随后，又有一个作者在《也谈辛弃疾是不是个好干部》一文中竟然肯定辛弃疾贪污腐败是事实，并且搬出了"自污"以安皇帝之心的理由。关于这一点，笔者实在不敢苟同。

因为辛弃疾依靠自己为官时的收入完全有能力建起像"稼轩"这样的大庄园，因为宋朝是一个高薪养廉的时代。

据历史记载，宋朝官员的工资和福利都是很高的，不但每月有固定的工资，还有一份减免赋税的职田，按官品高下给田一至四十顷（一顷等于十五亩）不等，而且大都是良田。他们的收入内容之丰富，一点也不比现在的公务员逊色，衣食住行甚至家眷从人的开销全部由国家买单，名目多得令人叹为观止。

李开周先生写过一篇文章，标题为"宋朝公务员包拯年薪过千万"，他在文中有如下推算：根据史料中出现的距包拯任职开封府时间较近的物价数据,我们可以把包拯每年的各项实物收入都换成钱,加起来大致是 1022 贯。1022 贯实物收入加上 20856 贯货币收入,总共是 21878 贯。当时的 21878 贯是多少钱呢?每贯铜钱的购买力折合现在的人民币 625 元,21878 贯铜钱就是 1367 万元。

虽然这组数字不见得非常准确,但宋朝官员收入特高应该是个不争的事实。在此情况下,曾经先后在湖北、湖南、江西、福建等地做过地方大员封疆大吏的辛弃疾肯定有着非一般人能比的收入,他有足够财力买地建园并不是什么出人意料令人吃惊的事情。比辛弃疾略早的民族英雄岳飞绝对不是贪官污吏,但他生前也有着丰厚的财产,这主要来自他的薪水俸禄和皇帝的大宗赏赐。

据笔者所知,历史上的大诗人、大词人、大文学家在政治上几乎全是为官一任造福一方的清官,比如韩愈、白居易、柳宗元、欧阳修、苏东坡,辛弃疾应该也不例外,一个天天想着抗金北伐、收复失地的人哪有心思去贪国家的公款啊?

放眼现实,虽然我们国家还没有达到高薪养廉的水平,但官员干部们的收入也足以让他们过上丰衣足食、非常宽裕的生活,可是有些人却贪心不足,欲壑难填,"眼前有余忘缩手,身后无路想回头",最终走上了万劫不复的犯罪道路。

秦桧后人竟是抗金英雄

几乎每个中国人都知道秦桧是个主张向金人求和的大奸臣,是杀害抗金名将岳飞的刽子手,但秦桧的后代曾经为抵抗金人侵略而献出宝贵生命却鲜为人知。

南宋遗民、著名词人周密的《癸辛杂识》给人们讲述了这段映照着烈火、浸染着热血的悲壮往事。

话说南宋宁宗嘉定十年(1217年),金兵又一次南侵,南宋朝野上下乱成一团。宋宁宗赵扩眼见满朝文武一个个像热锅上的蚂蚁,转来转去却无计可施,不由得龙颜大怒:"国难当头,怎无人为国负任?"

这时,老将军赵放站了出来,他并不是要亲自上阵去做"老黄忠",而是向皇帝推荐了一个人:"秦矩正当盛年,文武兼备,报国心切,可当大任。"

此论一出,当即有人反对,反对派的观点是:"秦矩乃大逆贼秦桧之曾孙,其祖恶贯天下,万世唾之,不能用其后人。"

赵放没有放弃自己的意见,对反对派进行了辩驳:"人各有心,心心各异，安能观其祖以制其后耶？"

最终决策权自然在最高统治者皇帝手里，宋宁宗开动脑筋，来了个不偏不倚的折中之法——满足秦矩的愿望，让他上前线为国立功，但只给他安排了一个较低的官职。

秦矩的具体职位是蕲州（在今湖北东部）通判兼领守备事略，一腔热血、报国心切、决意为秦家洗去耻辱的秦矩并没有因为职卑而不就，而是立刻带领全家动身赶往任所。

秦矩一到蕲州，就积极投入了战备工作，他和知州李诚之密切合作，发动军民修缮防御工事，做好了迎敌准备。

1221年，十万金兵南下蕲州，秦矩和李诚之决定一同死守蕲州，和城池共存亡。

可笑的是，当金兵头领听说守城的是秦桧的后人时，竟然兴冲冲地派人前来劝降。殊不知，秦矩和其祖秦桧走的是截然不同的两条道路，结果，金国使者一说出来意就被愤怒的秦矩砍掉了脑袋。

秦矩又一次以自己的行动表明了誓死抵抗金人侵略的坚定态度。不幸的是，敌我力量众寡悬殊，蕲州城最终被金兵攻破。城破之时，秦矩和知州李诚之都按照当初的约定选择了杀身成仁、舍生取义的人生归宿——李诚之与家人一起自杀殉国，秦矩带领儿子秦浚等一家七口投身烈火之中，为国捐躯，在抗金史上留下了悲壮豪迈、动人心魄的一幕……